J'AIDE MON ENFANT EN RETARD DE LANGAGE

语迟宝宝
言语训练游戏

[法]苏泽尔·罗谢◎著　　[法]奥雷莉亚-斯特凡妮·贝特朗◎绘
唐　倩◎译

北京科学技术出版社

读者须知

　　本书中的所有建议都由作者结合多年实践经验审慎提出。尽管如此，本书中的建议依然不能代替医学建议。读者如果想获得详尽的医学建议，请向有资质的医生咨询。对由本书相关内容造成的直接或间接的不良影响，出版社和作者概不负责。衷心希望每一位语迟宝宝健康快乐地成长。

J'aide mon enfant en retard de langage by Suzel Rocher

Copyright © 2021 by HATIER

All rights reserved.

Simplified Chinese edition copyright © 2024 by Beijing Science and Technology Publishing Co.,Ltd.

著作权合同登记号　图字：01-2023-5537

图书在版编目（CIP）数据

　　语迟宝宝言语训练游戏 /（法）苏泽尔·罗谢著；（法）奥雷莉亚-斯特凡妮·贝特朗绘；唐倩译. —北京：北京科学技术出版社，2024.8（2024.10 重印）

　　ISBN 978-7-5714-3668-1

　　Ⅰ.①语… Ⅱ.①苏… ②奥… ③唐… Ⅲ.①语言障碍—儿童教育—特殊教育 Ⅳ.① G762

　　中国国家版本馆 CIP 数据核字（2024）第 038546 号

策划编辑：魏林霞
责任编辑：胡　诗
责任校对：贾　荣
装帧设计：旅教文化
责任印制：李　茗
出 版 人：曾庆宇
出版发行：北京科学技术出版社
社　　址：北京西直门南大街 16 号
邮政编码：100035
电　　话：0086-10-66135495（总编室） 0086-10-66113227（发行部）
网　　址：www.bkydw.cn
印　　刷：雅迪云印（天津）科技有限公司
开　　本：710 mm × 1000 mm　1/16
字　　数：140 千字
印　　张：8.75
版　　次：2024 年 8 月第 1 版
印　　次：2024 年 10 月第 2 次印刷
ISBN 978-7-5714-3668-1

定　　价：79.00 元

推荐语

　　言语治疗学是康复医学的组成部分，是对各种言语障碍、语言障碍和交往障碍进行评估、治疗和研究的学科。言语治疗学在我国起始于 20 世纪 80 年代末，已有约 40 年的历史。近 20 年来，言语治疗学发展比较快，很多医院都建立了言语治疗科室，也有很多专业的言语障碍康复机构开展了各种言语康复课程。

　　在言语障碍中，"语言发育迟缓"的发生率较高。"语言发育迟缓"简称"语迟"，是指孩子的语言发育水平落后于实际年龄相应水平的情况，这类孩子的语言理解能力和表达能力较差，主要表现为到了该说话的年龄不会说话。有些孩子虽然能说话但是语言发育缓慢，在语言应用、词汇量和语法使用方面均落后于同龄孩子，甚至部分孩子存在交流困难、反应能力差等问题。

　　现在，越来越多的家长开始重视孩子的语言发育问题，寻求能够帮助孩子提升语言能力的康复训练工具书。发现问题后及时开始言语训练是很关键、很重要的，但只靠言语治疗师的言语训练从时间上和内容上都是不够的，家长对孩子的陪伴和帮助也非常重要，在这一方面，本书无疑是很好的工具。

　　本书是作者的经验总结，译者结合汉语的发音方法做了补充和修改。本书由感知口腔、驯服声音、探索词汇、延长句子四个部分组成，包含 48 类亲子互动游戏，能让家长有选择地对孩子进行循序渐进、科学且系统的言语训练。由于言语训练以做游戏的方式进行，孩子很容易接受和配合。本书图文并茂，是一本很适合语言发育迟缓孩子的家长使用的言语障碍康复训练工具书，家长能轻松掌握本书的使用方法。本书也可以作为言语治疗师设计言语训练的参考书。

李胜利

2024 年 3 月 15 日

目 录

导语

你可能因为孩子说话有困难而购买了本书，也许你的孩子至今还未张口说话。你有没有发现，孩子经常因为自己说的话无法被别人理解而气恼，但你在大多数情况下却能理解孩子在说什么，因为你已经开发出了解读孩子话语的"解码器"。但有时候，你会因为猜不到孩子的意图而垂头丧气地站在他面前，而孩子则会通过发脾气、沉默、放弃交流来表达自己的失落。对孩子来说，开口说话和与人交流就像吃饭、喝水一样，是他们的基本需求。

有些孩子，可能包括你的孩子，很难清楚地表达自己的想法，因为他们说话时会吞掉或者发错某些词的音，他们说的句子完全没有连贯性，让人难以理解。也有一些孩子只是因为某些音难以发出，沟通和表达就受到了阻碍。

在上述任何一种情况下，你都会感觉到孩子有些不对劲，但你不敢为之忧虑，因为一旦开始忧虑，就说明问题切实存在，这对家长来说是难以接受的。当你提起你的孩子说话困难时，周围的人可能安慰你："别着急，孩子总会开口说话，多给他些时间。"于是，你告诉自己"如果孩子真的有问题，早就有人告诉我了"。

唉，请你别再欺骗自己了。作为言语治疗师，我经常看到他人建议家长耐心等待或者不敢告诉家长真相，导致孩子的治疗时间不断被延误，我为此感到非常难过。请你相信自己的直觉，带孩子去看医生吧！只有言语治疗师出具的检查报告才能够说明你的孩子是否存在语言发育迟缓和／或言语发育迟缓①。孩子在低龄阶段说话困难是很正常的，这是暂时的。实际上，你可能已经注意到了孩子说话存在困难。

---

①语言发育迟缓不等于言语发育迟缓。语言是人类社会中约定俗成的符号系统，人们通过应用这些符号达到交流目的。言语是表达语言思维的一种方式，是声音语言形成的机械过程，强调神经和肌肉参与的发音器官机械运动的过程，主要指语言的表达和理解。一些孩子可能只有言语发育迟缓的问题，而没有语言发育迟缓的问题。但是，有语言发育迟缓问题的孩子很可能同时有言语发育迟缓的问题。——译者注。

本书是写给谁看的？ 我为什么要编写本书？

你可能已经在尝试预约言语治疗师了，但尚未预约成功。儿科人满为患，可能要排队很久才能见到医生。本书正是写给想要尽快带孩子治疗但苦于排队时间太长的家长的。

本书将为你提供指南，帮助你更好地促进孩子语言能力和言语能力的提升。但是，请你记住，本书绝对不能替代言语治疗师提供的清楚的、有针对性的干预。只有言语治疗师才能做出诊断，并采用恰当的方式解决孩子说话困难的问题，满足孩子的需要并解决可能遇到的任何障碍。看医生是必不可少的！

但是，面对言语治疗师的"拒绝"，家长很难不愤怒。因此，作为一名言语治疗师，我有必要向你简单介绍一下我的职业。

言语治疗师——一个稀缺且被人误解颇深的职业

截至 2019 年 1 月 1 日，法国共有 25 607 名言语治疗师，即每 10 万人中约有 38 名治疗师。由于该领域的毕业生太少，同时不断有人退休，法国言语治疗师的总数每年仅增加约 4%。此外，年轻的言语治疗师更愿意在城市设立诊所，这导致农村的言语治疗师越来越稀缺。

人们一直对这个职业有很深的误解。与人们想象中的不同，言语治疗师的治疗对象不限于口齿不清或无法阅读的孩子，而涉及更广阔的群体。具体如下。

◆ 针对新生儿，言语治疗师可以帮助其学会吮吸或进食。

◆ 针对语言发育迟缓的幼儿，言语治疗师可以刺激其进行语言表达并促进其薄弱的语言功能和言语功能发育。

◆ 针对儿童，言语治疗师可以提高其口头表达和书面表达能力，帮助其锻炼逻辑思维能力，纠正其写字姿势，根据不同情况提高或降低孩子的语言敏感度。

◆ 针对青少年，主要的治疗项目是口吃。言语治疗师可以训练患者的舌头和鼻子，使正畸治疗长期有效；还可以陪同患者治疗认知功能障碍及其他各种功能障碍。

◆ 针对成年人，言语治疗师主要进行发声方面的治疗，帮助因患有脑部疾病或耳鼻喉癌而喉咙或口腔受损的人重新获得言语能力。

◆ 言语治疗师可以帮助老年人延缓记忆力衰退，预防神经退行性变性疾病（如阿尔茨海默病、帕金森病等），以及预防噎食。

因此，你会发现，言语治疗师的数量远远无法满足其服务的众多领域的需求，因为有些复杂的康复治疗甚至持续几年才能完成。因此，并非我们不愿意帮忙，请相信我，我们愿意帮助所有来医院求助的家长，也希望尽快帮助语言发育迟缓和 / 或言语发育迟缓的孩子。

"语言"和"言语"到底指什么？

许多家长认为"语言"和"言语"是一个意思。然而，这是两个完全不同的术语，它们属于不同领域。

语言

具备语言能力指能够辨认、理解看到或听到的句子，以及能够把自己的想法变成字句表达出来。

◆ 词汇库：在表达方面，指孩子表达出来的所有词汇；在理解方面，指孩子所理解的所有词汇。

◆ 形态句法学：在表达方面，指孩子能够造出一个结构相对复杂、没有语法错误且条理清晰的句子；在理解方面，指孩子能够很好地理解一个结构相对复杂的句子及其语法结构。

言语

言语是个体的语言运用，是语言的具体实现。

◆ 将语言中所有的音单独发出的能力：为了发出不同的音，必须将发音部位（如舌头、嘴唇和软腭等）调整至合适的位置并恰当地活动它们。

◆ 将语言中的声音串成词、句和篇章的能力：正常说话时，发音部位必须精确且快速地完成一套"口腔体操"。

什么时候应该感到担忧？

请记住，只有言语治疗师才能基于孩子的整体情况得出诊断，本书无法列举出所有应该引起警惕的信号。

发音障碍

如果孩子在 5 岁后仍然无法准确发出一个或多个单独的音，或者习惯性发错某个音，就可以认为这个孩子有发音障碍。

我认为，当孩子发不出某个音时，应尽早进行治疗。当然，这需要孩子充分配合，有的孩子三岁半到四岁就可以接受治疗了。尽早干预是很重要的，这样可以避免孩子养成不良的发音习惯，并且能帮助孩子尽早清晰地表达自己的想法。

音位错误

音位错误会破坏词语的结构，使家长难以理解甚至完全无法理解孩子的话语，尤其是在缺少上下文的情况下。孩子的音位错误有以下两种表现方式。

◆ 孩子能够准确地发出每个单独的音位，但是在说词语和句子时，发音出现错误。

◆ 为了更方便地发音，孩子会简化一些音位。当孩子发音能力实在太弱时，他会添加、删减、颠倒、改变一些音位或破坏完整的音节。

如果孩子有以下症状，说明孩子言语发育迟缓。

◆2岁后完全不会说话，或者只能说出很少的能让他人理解的词。

◆3岁后，说话时仍然会打乱大部分词语的正常顺序，无法让他人理解。

语言发育迟缓

如果孩子有以下症状，说明孩子语言发育迟缓。

◆大约2岁时，仍然无法通过语言进行表达，只能通过做手势、喊叫来表达自己的意思；或者对交流不感兴趣，看起来很孤僻。

◆2岁半左右时，只会说很少的词，无法将两个词拼凑成一个"形式上"的词组；或者即使以简单的方式向他解释，他也不明白他人的意思。

◆大约3岁时，无法说句子和/或不能理解简单的事情。

◆大约3岁半时，说出的句子不讲究语法（用错定语、名词、连词……），而且词汇量贫乏。

◆大约4岁时，只会说非常简单甚至毫无章法的短句，不愿意和陌生人交流，不和家人聊天。

◆5~6岁时，无法清楚地表达自己的想法，句子结构混乱，用词不合适或词汇量贫乏。

怎样最大限度地利用本书？

本书有多个作用。

◆ 不论你的孩子是否存在语言发育迟缓的问题，本书都可以用来培养他的语言表达能力和学习能力。如果你的孩子已经表现出语言方面的某些问题，但尚未得到言语治疗师的诊断和帮助，你的孩子可以从本书中获得帮助。但时间紧迫，你要尽快和医生预约，不要相信那些让你静静等待孩子自行痊愈的人，要相信你的直觉！

◆ 对那些已经确诊的年龄较大的孩子而言，本书可以让他们复习基础语言知识，巩固发音方法，增强自己的语言表达能力。

总而言之，本书可以让孩子学习或复习有关发音的基础知识。

◆ 第一部分"感知口腔"介绍了口腔的基本情况。这一部分由一系列能唤醒发音部位的热身练习组成。如果你的孩子在发音和 / 或音位组合方面有困难，这部分的练习就能令他受益匪浅。

◆ 第二部分"驯服声音"让孩子通过说出各种各样的词和句子来练习难以单独发出的音并巩固。这部分的练习能对孩子的语言能力进行更精准的刺激。

◆ 第三部分"探索词汇"能帮助孩子扩充词汇量。

◆ 第四部分"延长句子"中练习的难度逐渐提高，能帮助孩子构建、说出句子以及将句子复杂化。

练习

每部分的练习都分为 3 个级别：新手级别、进阶级别、大师级别。每部分都会详细介绍如何使用这 3 个级别的练习。

◆ 新手级别的练习应按顺序进行。无论孩子的年龄以及语言问题严重到什么程度，做这些练习都能增强孩子的自信心。

◆ 孩子能熟练进行新手级别练习后，就可以开始进行进阶级别练习了。

◆当孩子对进阶级别练习也游刃有余时，就可以着手进行大师级别练习了。这一级别的练习无须按顺序做。很多孩子在可以进行大师级别练习后，就不愿再做前两个级别的练习了。

每个练习都包括以下内容。

◆练习简介。

◆准备工具。

◆练习时长。

◆每一步的具体操作（要求）。

◆温馨提示。

正式开始练习前，你需要知道……

你的语句、声音及语调都会对孩子的语言学习产生潜移默化的影响。

◆孩子哪怕出现很微弱的听力下降，也会阻碍语言学习，更别提很多孩子可能根本听不到家长的声音。无论你是否怀疑孩子存在语言发育迟缓，无论孩子的年龄有多大，你都必须带孩子去耳鼻喉科专家那里做听力测试，对于患有或曾经患有耳部感染的孩子更应如此。医生会根据孩子的年龄提供合适的测试，并在出现问题的时候进行干预。不要再拖延了，言语治疗师也会让孩子进行这项测试。

◆电子产品无法提供帮助。电视里的动画片不会教孩子说话，平板电脑发出的虚拟人声也不会教孩子说话，因此让孩子长时间使用电子产品并不是在帮他！只有互动才能教会孩子说话，孩子需要观察他人的面部表情、嘴部动作，需要他人对他的话语做出反馈……我们无法和电子产品对话，更别指望依靠手机和平板电脑来促进孩子全面发展了。使用电子产品无法使孩子体会到玩耍的乐趣，孩子没有办法感知身体和周围的环境，也失去了表达自己的想法或与他人交流的机会。因此，家长们，请和孩子一起玩耍吧！请与孩子一起活动，一起阅读，一起体验世界吧！

◆本书旨在帮助你促进孩子正常发音，但要注意，你必须选择恰当的时机，即孩子可以接受的时候，带领孩子做这些练习。要根据孩子的情绪和意愿适时地邀请孩子做练习，不要强迫孩子。当孩子没有兴趣时，应立即停止练习。

◆ 尽量让练习变得有趣。你可以和孩子开玩笑，一起大笑，放大快乐的情绪——不要让孩子觉得仿佛在写作业！孩子天生就该玩耍，你要让练习时间成为你和孩子亲密无间的默契时刻。

◆ 当孩子犯错时，不要模仿或取笑他。你要始终耐心地做出正确示范。当孩子遇到困难时，你要鼓励他；当他成功时，你要表扬他。

◆ 在进行练习之前，你要仔细阅读相关说明，确保自己充分理解规则，并且准备好各种工具，以确保练习顺利进行。

在等待言语治疗师期间，
让我们一起帮助孩子学说话吧！

感知口腔

口腔——需要调配的发音"工具"

人类天生具有说话的能力，拥有与他人交流所需的神经学和解剖学"材料"。但即使说话是人类与生俱来的能力，人类也需要将其激活。

> 语言能力，是一种与他人接触才能激活的能力

孩子出生后就在家长和环境的刺激下开始交流。最初，孩子通过注视、微笑和哭来与外界交流；渐渐地，孩子会意识到自己可以通过一些简单的嘴部动作咿呀学语。

- ◆ 6 月龄之前：孩子发出的声音没有什么区别。他会听家长讲话并被他们的面部表情吸引。
- ◆ 6~12 月龄：孩子开始咿呀学语，并意识到语言可以传达他的想法；他开始用手势——用手指东西或伸出胳膊——来表达自己的想法。

随着家长日复一日地说话刺激孩子，孩子会模仿家长的话语，他的肢体动作和声音会越来越精确和复杂。他不再通过放声大哭来寻求家长的回应。

通过模仿，孩子会将声音变成词，将词组成句子，逐渐可以与家长对话。

为什么有些孩子的语言能力没有被激活？

下面这个案例充分说明了周围环境的刺激对孩子语言能力的巨大影响。胆小的家长请谨慎阅读这一部分。

吉妮于 1957 年在美国加利福尼亚州出生，她的母亲几乎失明，她的父亲患有精神疾病。她在大约 20 月龄时，被医生诊断为智力障碍者。她的父亲以"保护她免受社会歧视"为由将她关在房间里，让她与外部世界隔绝；只要她发出声音，就会招来父亲的殴打与吼叫。除此之外，吉妮没有受到任何语言刺激，从未和任何人进行交流。当吉妮 13 岁时，外界发现了她，此时她只能像婴儿一样发出"咿咿呀呀"的声音，因为她在过去的 13 年中完全没有受到语言刺激。在社会救助人员承诺不会因为她说话而殴打她后，吉妮才同意通过医生和相关研究人员设计的强化练习开始学习说话，之后她逐渐取得了进步。

事实证明，当年医生错误地将吉妮诊断为智力障碍者。实际上，她能够学会很多东西。如果和其他孩子一样在正常的环境中接受语言刺激，吉妮原本可以正常学会说话！

上述故事与孩子的"说话困难症"有什么联系？

这个悲伤的故事告诉我们，孩子即使拥有与他人交流所需的神经学和解剖学"材料"，也必须借助外界的语言刺激才能学会说话。他们通过模仿和寻求对方的回应来开发、利用自己的语言"材料"。当你对孩子说话时，孩子会特别留意你的表情、语调以及嘴部动作，会尝试通过捕捉、模仿你说话时的嘴部动作来发出和你一样的声音。

说话需要迅速、精准、复杂的动作配合。有些孩子因为不知道如何动用口腔肌肉，所以难以开口说话。有时，孩子能够清楚发出某些音，但发的另一些音却含糊不清；有时，孩子的一句话中只有很少几个音可以被辨识出来。作为家长，你要鼓励孩子，不断做口型示范并让孩子持续、重复练习。如果你的这些尝试并不见效，那可能是因为孩子不知道怎么利用口腔内的各部位发声。口腔是人们说话的"工具"，只有合理利用它才能发出声音。

现在请你想象牙医在你的嘴唇上涂抹了麻醉药。如果我此时要求你做一个我指定的具体的唇部动作，你办得到吗？这可不简单，不是吗？这很正常，要想开口说话，就必须清楚地感知嘴唇的状态并准确控制它。只有麻醉药的药效退去、嘴唇恢复知觉后，你才能完成我指定的动作。作为成年人，经过数十年的练习，你已经可以轻车熟路地活动自己的嘴唇了，说话对你来说就是小菜一碟。

但你的孩子尚处在咿呀学语的阶段，他需要激活、感知并不断训练自己的口腔，才能模仿你的发音。在孩子对自己的口腔有了感知后，你就可以针对孩子发不出的那些音，向他示范如何活动嘴唇。

本书的第一部分揭示了口腔对孩子开口说话的影响，并将指导你帮助孩子感知、灵活运用口腔内的各部位。你可以利用该部分内容训练孩子的肌肉运动知觉，即孩子对身体各部位的感觉（有意识的或无意识的）。该部分的练习主要针对口腔肌肉，如果孩子对自己的口腔一无所知，不知道如何放松口腔肌肉，他怎么能发声或做嘴部动作呢？因此，为了让孩子开口说话或说话更流利，你一定要帮助他感知、了解自己的口腔。

怎样利用口腔说话？

当你发出声音并将不同的声音串联起来时，话语便产生了。你的声音在被他人听到之前经历了以下 3 个步骤。

第 1 步：呼吸

声音产生于你的一吸一呼中，即横膈膜收缩、肺扩张和横膈膜放松、肺收缩的过程中。事实上，为了说话，你必须进行呼吸。

下面的小实验可以帮助你感受到呼吸的重要性，尤其是呼气的重要性。

→ 试着屏住呼吸说话。做不到吧？
→ 然后试着边吸气边说"你好"。是不是很难做到？
→ 现在边呼气边说"你好"。你很容易就能做到。

这一步是身体自动完成的，你无须思考。

第 2 步：喉部和声带参与

位于颈前正中部的喉软骨构成喉的支架，你可以用手摸到它的轮廓。

声带位于喉部的甲状软骨中。

两片声带连接在一起并振动，声音由此产生。事实上，你呼出的气流会穿过喉部并通过声带的振动变成声音。下面的实验可以帮助你感受到声带对发音的作用。

→ 将手平放在喉部，用嘴呼气，这时没有声音产生，因为虽然气流被呼出，但声带没有振动。

→ 现在，仍然把手放在喉部，发出一个长而响亮的"啊"。这时，由于声带的振动，声音产生了。你可以用手感受到声带的振动。

当你说话时，呼气的气流通过振动的声带，发出响亮的声音。因此，声带在你说话时起着关键作用。它是发音器官的主要组成部分。

这一步对难以发出某些音的孩子来说可能是个难题。因此，你应该和孩子一起做上述小实验，唤醒孩子对喉部和声带的感知。

第3步：精准地活动各个发音部位

这一步最为复杂，因为它涉及多个发音部位。这些发音部位必须精准地处于正确位置，才能将声带的振动转化为可以发出的声音。这些发音部位如下。

◆ 舌头：在牙齿和腭之间活动。
◆ 嘴唇：上下嘴唇相互作用或与牙齿配合。
◆ 脸颊。
◆ 软腭（位于腭后部的柔软部分）。
◆ 鼻子。

为了产生声音，这些不同的发音部位会互相配合并进行协调且复杂的运动。因此，这一步对孩子来说是最困难的一步，因为发出每个音时各个发音部位都要处于特定的位置、做出特定的动作。此外，我们很少单独地发出某个音。为了组词造句，我们需要将不同的音节连接起来，各个发音部位也需要精准地进行一系列复杂的运动。

下面是这一部分的最后一个小实验。

→ 试着说话时舌头不动。哦，天哪！我什么都没听懂，你说的是什么？

→ 试着说话时嘴唇不动。别人是不是同样很难理解你说了什么？

→ 说话时堵住鼻子。你的声音是不是很奇怪？

在这一部分，你能了解发音部位和发音时它们的必要动作。我将陪你一起激活孩子的口腔。这将为第二部分具体解决孩子无法发出某些音的问题打下基础。

让我们一起引导孩子感知他的口腔，
帮助他更好地说话！

探险家！

让我们先从解剖学的角度了解口腔，再充分活动口腔！

新手级别 ⭐

准备工具 ✏️

◆ 一面大到可以两个人一起照的镜子。

练习时长 ⏱️

一轮练习持续几分钟。

练习方法

◆ 你和孩子一起站在镜子前。

◆ 让孩子用手指依次指出自己面部的各个部位，并说出这些部位的名称。然后让孩子张开嘴巴，你一边指出孩子口腔内的各部位，一边说出这些部位的名称。

◆ 与此同时，你也要用手指分别指出你的面部和口腔内的各部位并说出它们的名称。

从面部开始。让孩子用手指依次指出自己面部的各部位并说出它们的名称。

→ **额头**

→ **脸颊**（右脸颊、左脸颊）

→ **下巴**

→ **眼睛、睫毛、眉毛、眼睑**

→ **鼻子**（鼻尖、鼻翼和两只鼻孔）

→ **嘴唇**（上下嘴唇及唇周）

然后，进入口腔环节。让孩子张开嘴，你用手指分别指出孩子口腔内的各部位并说出它们的名称。

→ **舌头**（可以轻触舌尖、舌体两侧）

→ **上排牙齿和下排牙齿各自的正面和背面**
（用手指轻轻扫过牙弓）

→ **腭**（口腔上壁）

用不同的力度重复练习：用力地快速按压、边按边揉、轻敲、按摩各部位。不要用手轻轻抚摸，因为孩子会感到痒，而且会非常不舒服。

温馨提示

◆ 这个练习可以反复做。你可以让孩子指出他面部或口腔内的各部位并说出它们的名称，也可以和孩子相互指着对方面部或口腔内的各部位并说出它们的名称。

◆ 也可以不使用镜子，你可以和孩子面对面做这个练习。

探险家，现在轮到你上场啦！

感知口腔

我在家里转圈圈！

让我们讲一个小故事，一步一步地探索我们的口腔内部吧！

新手级别 ⭐

准备工具 ✏️

- 你的手指。
- 《我在家里转圈圈》（详见下一页）。

练习时长 ⏱️

将故事复述 1~2 遍的时间。

练习方法

◆ **边讲故事边用手触摸孩子的脸。**

◆ 说出"我在家里转圈圈"。

食指指尖在孩子脸上轻轻画一圈。

◆ 说出"我关上花园的门"。

轻拧孩子的右耳。

◆ 说出"我关上狗窝的门"。

轻拧孩子的左耳。

◆ 说出"我关上一扇窗"。

食指指尖从上向下扫过孩子的右眼皮，让他闭上右眼。

◆ 说出"我关上另一扇窗"。

食指指尖从上向下扫过孩子的左眼皮，让他闭上左眼。

◆ 说出"我走下楼梯"。

将食指从孩子的眉心处划到鼻尖。

◆ 说出"我敲门"。

在孩子的鼻尖上轻点 3 下。

◆ 说出"我在擦鞋垫上擦干净鞋底"。

稍稍用力，在孩子的人中（位于鼻尖和上唇之间）来回摩擦 3 次。

◆ 说出"我打开前门"。

按住孩子的下唇并让他张开嘴巴。

◆ 说出"我进入走廊"。

在孩子的舌尖上快速按一下。

◆ 说出"我关上门"。

把孩子的下巴往上推，让他闭上嘴巴。

◆ 说出"我锁上门"。

向孩子示范如何用手指捏住嘴唇，并模仿转动钥匙的样子轻轻扭动嘴唇。

温 馨 提 示

◆你和孩子可以在洗漱前或睡前做这个练习。你也可以去书中或网上找其他类似的小故事，与孩子一起做练习。

现在轮到你带着孩子在家里"转圈圈"了！

烦人的小蜜蜂

继续探索：再给孩子讲一个小故事，一边讲一边引导他探索自己的面部和口腔，孩子绝对会乐在其中！

新手级别 ⭐

练习方法
- ◆边讲故事边用手指轻触孩子面部的各部位。

准备工具 ✏️

- ◆ 你的手指。
- ◆《烦人的小蜜蜂》
  （详见下一页）。

口腔名感

练习时长 ⏱️

将故事复述 1~2 遍的时间。

◆ 说出"飞来一只小蜜蜂，落在我的额头上，淘气的小家伙！"。

手指在孩子的额头上模仿蜜蜂移动的动作。

◆ 说出"哦，小蜜蜂，飞下来，亲亲我的右脸颊！"。

手指模仿蜜蜂，滑到孩子的右脸颊上，然后在右脸颊上不断移动。

◆ 说出"鼻子上，一闪过，蜜蜂来到左脸颊"。

手指拂过孩子的鼻子，然后在左脸颊上不断移动。

◆ 说出"鼻孔边，蹦蹦跳"。

食指在孩子的右鼻孔右侧弹3下，在鼻尖弹3下，在左鼻孔左侧弹3下。

◆ 说出"她还想要往里钻……不！不！不！没机会！别钻我的右鼻孔！"。

把食指放在孩子的右鼻孔前，告诉孩子要用鼻子呼气3次，把"蜜蜂"赶走。

◆ 说出"不！不！不！没机会！别钻我的左鼻孔！"。

同样地，把食指放在孩子的左鼻孔前，告诉孩子要用鼻子呼气3次。

◆ 说出"小蜜蜂，嘴边绕，飞来飞去真恼人！"。

食指指尖在孩子的嘴巴外周画圈3次。

◆ 说出"小蜜蜂，在靠近，落在嘴唇上散步"。

食指指尖在孩子的嘴巴上画圈3次。

◆ 说出"不！不！不！没机会！别往我的嘴里钻！"。

让孩子用力闭紧嘴巴。

◆ 说出"飞，飞，飞！飞到远处去！"。

让孩子用嘴吹气3次，把"蜜蜂"赶走。

◆ 说出"下次再飞来，小心我拍你！"。

轻拍孩子的下巴3次。

温馨提示

◆ 你可以用指尖轻轻敲击孩子的面部皮肤来模仿蜜蜂的脚步，同时发出"嗡嗡"的声音。你也可以用一个小毛绒球或将一小块布卷成球来模仿蜜蜂。

◆ 如果在强调让孩子用鼻子呼气的时候，他一时间反应不过来该如何做，你可以用拇指指尖和食指指尖轻轻将孩子的上下唇捏在一起，引导他用鼻子呼气。要注意，不要强迫孩子。

现在轮到你在孩子的脸上"采花蜜"了！

电动牙刷

现在可以进入口腔进行探索了！你需要帮助孩子更好地感受他的口腔，以便他在接下来的练习里灵活地活动口腔内的各部位。

新手级别 ⭐

准备工具 ✏️

◆ 一把电动牙刷。

练习时长 ⏱️

2~3 分钟，也就是刷一次牙的时间。这个练习可以在刷牙的时候进行，每天至少练习 2 次。

练习方法

◆ 打开电动牙刷，牙刷开始振动。

◆ **让孩子想象这把电动牙刷将在他的嘴里进行一场大扫除！**

◆ 慢慢地在孩子的口腔内移动牙刷，让孩子充分感知口腔内的各部位。

口腔 口部感知

❶

从牙齿的四周开始。用刷头：

→ 轻扫右脸颊内侧的柔软部分；

→ 轻扫上唇内侧（上唇和上牙龈之间）；

→ 轻扫左脸颊内侧的柔软部分；

→ 轻扫下唇内侧（下唇和下牙龈之间）。

❷

然后刷舌头部分。用刷头：

→ 轻扫舌头表面，不要扫到太靠后的位置（可能的话，从舌尖扫到舌头的中间部位）；

→ 轻扫舌体两侧，先右后左；

→ 轻扫舌下；

→ 在舌尖停 3~4 秒。

❸

最后刷切牙乳头。

切牙乳头位于腭的前端、两颗上门牙的上方。用舌头触碰，可以感觉到它呈小球状。把刷头放在上面，保持 3～4 秒。

温馨提示

◆ 注意，如果触碰某些部位让孩子感到不适，就应立即停止（例如刺激孩子舌头上的某个部位导致他干呕，就应跳过这个部位的相关练习），将情况告诉言语治疗师，并且暂时不要再做相关练习了。

拿起孩子的电动牙刷，开始练习吧！

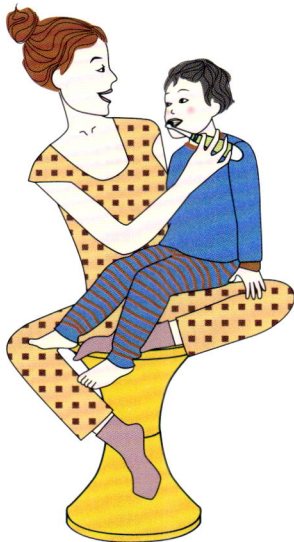

感知口腔

啊，冰冰凉！

用冰凉的工具触碰孩子面部和口腔内的某些部位。通过这个练习，孩子能感知到某些具体部位。

新手级别 ⭐

准备工具 ✏️

◆ 一把提前放在冰箱里冷冻的茶匙、一根冰棒或冰冻过的卡兰巴（Carambar）① 糖果。

练习时长 ⏱

茶匙、冰棒或糖果从离开冰箱到恢复室温的几分钟内。

练习方法

◆ 让孩子闭上眼睛，做一个小小的猜谜游戏。

◆ **用你准备的工具（茶匙、冰棒或糖果）触碰孩子面部和口腔内的某些部位。**

◆ 让孩子指出刚刚被碰到的部位。

感知口腔

---

① 卡兰巴（Carambar）是法国的一个工业糖果品牌，主要生产一种呈长条状的独立包装的焦糖味耐嚼糖果。

①

記得触碰以下部位（在发音时必须感知到的部位）。

→ 舌尖（在舌头前端）。

→ 切牙乳头（位于腭前端的小球，就在两颗上颌中切牙的上方）。

→ 腭的中部。

→ 软腭和硬腭（因为孩子的口腔不是很敏感，所以你必须用工具轻轻敲击，让孩子感知到这个部位）。

→ 上唇的中间部分（嘴唇外侧）。

②

为了让游戏更有意思，你可以触摸与发音无关的部位。

→ 孩子面部的其他部位（避开眼睛）：脸颊、额头、鼻子、下巴、眉毛……

→ 嘴唇外周的其他位置。

→ 脸颊的内部。

温馨提示

◆ 为了防滑及防止冻伤手指，在练习时，要用纸巾或布裹住茶匙、冰棒或卡兰巴糖果的一端。

◆ 孩子普遍非常喜欢冰冻的卡兰巴糖果，因为每次触碰时它都会在孩子身上留下香甜的味道。

选择孩子喜欢的工具，开始练习吧！

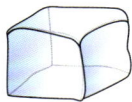

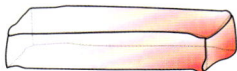

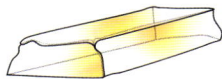

吸吸鼻子！

别忘了，鼻子也是发音器官之一，保持鼻子呼吸畅通有助于精准发音。在这个练习中，你将唤醒孩子的鼻子。

进阶级别 ⭐⭐

准备工具 ✏️

◆ 日常生活中一些有气味的物品。

练习时长 ⏱️

2~3 分钟。

练习方法

◆ 在开始这个练习之前，让孩子擤鼻涕。清除鼻腔里的黏液有助于孩子通畅地呼吸。

◆ 用指尖在孩子的鼻子两侧和鼻孔处轻拍几下。

◆ 现在**选择 2 个有气味**的物品。

◆ **将你的双手食指和中指放在孩子的鼻子两侧，按压这两处的皮肤并将其向双耳拉**，这将扩张孩子的鼻孔，让他更充分地闻到气味。这个动作也可以由孩子自己完成。

◆ 让孩子维持这个姿势，用力嗅这 2 种气味，持续 10~20 秒。

要注意，可以让孩子闻各种气味（如以下气味），但在一次练习中不要超过两种气味。

→ 爸爸或妈妈的香水味。

→ 沐浴露或洗发水的气味。

→ 护肤霜的气味。

→ 刚洗完的手的气味。

→ 洗衣液的气味。

→ 花朵的芳香气。

→ 厨房里的气味：炖菜的香气、香料的香气等。

→ 比较浓烈的气味，如奶酪的气味。

注意：不能随意使用精油！你可以向药剂师咨询，了解更多信息。

你如果想了解更多信息，可以查找关于气味的游戏或查阅关于气味的书籍。

温馨提示

◆ 必须保持孩子的鼻腔干净、卫生！这不仅是为了维持嗅觉和呼吸功能，还是为了保持耳道通风良好。鼻腔不干净容易引起中耳炎，可能影响孩子的听力。

◆ 如果孩子不知道如何擤鼻涕，你可以使用鼻腔冲洗器帮孩子清洗鼻腔。

◆ 孩子每天都应该擤鼻涕，而不仅是在生病的时候。实际上，鼻子是一个过滤器，它每天都在捕捉有害颗粒物（如灰尘、气溶胶……），因此必须每天擤鼻涕。

轮到你带着孩子
吸吸鼻子了！

感知口腔

"小鼻涕虫" 在嘴里散步

通过触碰，你已经唤醒了孩子的舌头。接下来，你将训练孩子舌头的动作。在说话的过程中，舌头进行着最复杂、高难度的动作，发挥着最重要的作用！你可以试试在舌头不动的前提下说话——这是不可能做到的！

进阶级别 ⭐⭐

准备工具 ✏️

无。

练习时长 ⏱️

2~3 分钟。

练习方法

◆ 告诉孩子舌头像小鼻涕虫一样黏糊糊的，让孩子把他的舌头想象成一只小鼻涕虫。

◆ 告诉孩子，他要带着小鼻涕虫散步。

◆ 向孩子讲述下一页的小故事，并要求孩子跟着做小鼻涕虫的动作。

感知口腔

- ◆ 说出"一只小鼻涕虫在家里很无聊，它想找到一条逃离房子、去探索外面世界的路。它绕过入口，想找一个小洞"。

让孩子的舌头经过上唇内侧（上唇和上牙龈之间）和下唇内侧（下唇和下牙龈之间）。

- ◆ 说出"没有出口！哎哟！小鼻涕虫来到脸颊这边，看看能否闯出去，它来到右边，又转到左边"。

让孩子用舌头先顶一下右脸颊，再顶一下左脸颊。

- ◆ 说出"都关得紧紧的！它决定推动'牙墙'来找出路"。

让孩子用舌头抵住上颌中切牙并向前推。

- ◆ 说出"这堵'牙墙'太坚固了！在墙脚，它发现了一个小球"。

让孩子用舌头触碰 3~4 次切牙乳头。

- ◆ 说出"它从小球处起跳，试图从屋顶逃出去，却被粘在了天花板上"。

让孩子把舌头伸到腭中部，并在此处停留几秒。

- ◆ 说出"鼻涕虫从上面看到双唇之间有一个小洞，它从洞里钻了出来"。

让孩子把舌头从双唇之间伸出一小段。

- ◆ 说出"外面太危险了，一块石头砸在了它头上！"。

让孩子用手指将舌尖往下按。

- ◆ 说出"回家吧，小鼻涕虫！"。

让孩子用手指按住舌尖并将舌头向口腔内部推，尽量推向口腔深处。

温馨提示

- ◆ 如果孩子无法将舌头放到正确位置上，你可以用棉棒将他的舌头推到正确位置上，然后抽出棉棒。

轮到你带着孩子活动"小鼻涕虫"了！

小馋嘴

这个练习涉及一些特殊的舌位，可以为孩子精准地发出某些音打下基础。第 48 页的图明确介绍了这些舌位。通过这个练习，孩子能初步熟悉舌头的动作，并且在说话时能更加轻松、准确地移动舌头。

感知口腔

进阶级别 ⭐⭐

准备工具 ✏️

◆ 孩子喜欢的果酱、蜂蜜或面包酱。

练习时长 ⏱️

几分钟。

练习方法

◆ 用指尖蘸取一点儿果酱、蜂蜜或面包酱，涂抹在孩子口腔内几处具体的位置。

◆ 让孩子用舌尖把它们舔干净。

①

以引导孩子感知切牙乳头为例。

让孩子的舌头经过上唇内侧（上唇和上牙龈之间）和下唇内侧（下唇和下牙龈之间）。

◆ 向孩子解释你要做什么："我要在你的嘴里放一点儿果酱。"

◆ 用指尖轻轻地把果酱抹在孩子的切牙乳头上。

◆ 让孩子舔掉果酱："试着用你的舌尖把果酱舔掉。"

②

在以下部位进行相同的操作（详见第 48 页的图）。

➜ 两颗上颌中切牙的腭面。

➜ 切牙乳头（可参考第 1 步中的做法）。

➜ 腭前端，位于切牙乳头后几毫米处。

➜ 下唇（在下唇中间放一点儿果酱，让孩子双唇并拢并左右摩擦，使果酱在双唇上抹匀）。

③

当孩子用舌尖舔某部位的果酱时，你应说出该部位的名称。这样做能帮助孩子加深对该部位的印象。

温馨提示

◆ 在这个练习中，你可以在孩子的牙齿及其周围抹上果酱，借机提醒孩子坚持刷牙。不过，我建议，就算你想培养孩子独立刷牙的能力，在此年龄段也要亲自给孩子刷牙，这样才能保证刷牙的效果。

◆ 刷牙时上下牙弓的三个面都必须刷到。重要的不是刷牙的时间，而是刷牙的质量。如果只刷前边的牙齿，即使刷 2 分钟也不算合格！

◆ 孩子长出第一颗牙齿后，就应该开始刷牙了。这个年龄段的孩子经常喝牛奶，而牛奶比糖更容易引起龋齿！因此，孩子喝完牛奶后不刷牙就睡觉对牙齿是非常有害的。

感知口腔

吹气比赛

这个练习能锻炼孩子的一项关键说话技巧。我在前文中提到过，说话时需要呼吸的配合。发出某些声音时需要用力呼气，这就是本练习的内容。

进阶级别 ⭐⭐

准备工具 ✏️

- 一个很轻的球：乒乓球、弹珠、纸团或用其他材料搓成的球。
- 一张桌子。

练习时长 ⏱️

你可以自由控制练习时间，吹气几次后要休息一会儿。

练习方法

- ◆ **将一个很轻的球放在桌子上。**
- ◆ 和孩子分别站在桌子两侧。
- ◆ 你和孩子通过用嘴吹气来不断传球。

❶

你还可以和孩子做以下练习。

→ 吹哨子、长笛。

→ 吹芦笛。

→ 吹羽毛。

→ 吹小风车玩具。

→ 吹落叶。

→ 吹用卡纸剪出的图案（蝴蝶、鸟、飞机等）。

→ 吹蜡烛。

→ 用吸管往水杯里吹气。

→ 泡澡时往水里吹气。

→ 往对方的头发上吹气。

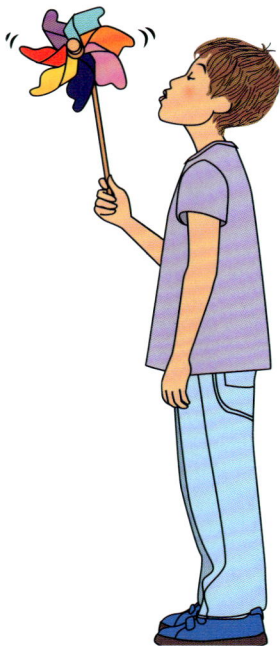

❷

更多练习方法：你可以在纸质桌布或一张大白纸上画一个足球场，然后在其两侧分别摆放一个盒子当作球门；你和孩子分别站在桌子两侧，吹气传球，就像两支足球队在比赛，谁进的球多，谁就获胜。

温馨提示

◆ 一开始，孩子可能吹不动某些物品。在这种情况下，你应拿起一根羽毛或一小块轻薄的纸靠近孩子的嘴巴，让他吹气。当羽毛或纸离孩子较近时，孩子轻轻一吹就可以将它吹起来。

◆ 注意！在练习过程中要休息。吹气时间过长、用力过大会引起头晕。如果感到轻微头晕，就要立即停止吹气，稍事休息再继续练习。

轮到你带着孩子吹气了！

口腔感知

和"狼"玩捉迷藏！

这个练习将锻炼孩子嘴唇的灵活性，为孩子流畅说话打下基础。

进阶级别 ⭐⭐

准备工具 ✏️

无。

练习时长 ⏱️

10 分钟，可根据实际情
况延长练习时间。

练习方法

◆ 向孩子讲述下一页的小故事，并和他
一起玩捉迷藏的游戏。

◆ 在寻找你的过程中，孩子要发出狼的
叫声（"嗷——嗷——"）来吓唬你。

告诉孩子："你是一只饥肠辘辘的狼！你的肚子在咕咕叫，你急不可耐地要吃东西。你想到森林里有很多味美的小动物——兔子、松鼠、刺猬、老鼠……都可以用来填饱肚子。我是一只肥兔子，我要赶紧躲起来，如果被你发现，你就会把我吃掉！"

在你躲藏的过程中，孩子应面对墙壁站好，不能偷看。让孩子倒计时，或者你在躲好之后告诉孩子可以开始寻找了。

告诉孩子："哦吼，小狼，来找我吧！"

你可以和孩子调换角色再玩一次这个游戏。你来扮演饥饿的狼，孩子扮演肥兔子。注意，你也要发出狼的叫声！

温馨提示

◆ 发出狼的叫声时嘴部的动作：嘴巴张开，双唇成圆形。这就是我们要训练孩子做出的动作。

和孩子一起玩
捉迷藏吧！

漱口游戏

舌根（口腔最深处）与软腭接触，能发出多个音。如果直接触碰舌根，就会引起干呕。这个练习可以锻炼孩子口腔内这个特殊的位置，而且不会刺激孩子干呕。

大师级别 ⭐⭐⭐

准备工具 🖊

◆ 水。

练习时长 ⏱

数秒。

练习方法

◆ **让孩子喝一小口水**并含住，不要立马咽下去。

◆ 指导孩子将头仰起、振动喉部，让嘴里的水产生气泡。

◆ 让孩子尽可能长时间地振动喉部，然后低头咽水。

感知 口腔

每次做 2~3 遍，可以每天多次做这个练习。

在合适的场景中让孩子做这个练习，选择孩子会用到水的时间点。

➡ 刷牙结束时，至少有早、晚两个时间点。

➡ 用餐前（早、中、晚）。注意，不要打乱一家人的用餐节奏或破坏孩子品尝美味的兴致。

➡ 淋浴时。

➡ 孩子想要喝水时。

温馨提示

◆ 请使用纯净水做这个练习，因为万一孩子被呛到，纯净水只会引起轻微咳嗽，而苏打水、碳酸饮料及果汁则会让孩子非常难受。

现在，让孩子开始漱口吧！

感知口腔

蒙住眼睛吃饼干

这个练习能帮助孩子唤醒口腔中的细微感受。注意，本练习较为复杂。

大师级别 ⭐⭐⭐

准备工具 ✏️

◆ 烤制几块饼干所需的原料：
面粉 130 克，黄油 62 克，
糖 62 克，鸡蛋 1 枚，盐
一小撮。

◆ 一张白纸（用于画出每块
饼干的形状，尽量按实际
尺寸画）。

◆ 一个眼罩（用来蒙住孩子
的眼睛）。

练习时长 ⏱️

5 分钟，可根据实际情况
延长练习时间。

练习方法

◆ 根据下页的食谱烤一些饼干。

◆ 在纸上画出每块饼干的形状，待饼干
冷却，把这些饼干放到孩子面前。

◆ 用眼罩蒙住孩子的眼睛，让他张开嘴；
将一块饼干完整地放进去；取下眼罩。

◆ 让孩子用舌头感受口中饼干的形状，
然后选出纸上对应的形状。你要引导
孩子："**试着用舌头感受饼干的形状，
猜到它的形状后，指出这张纸上你正
在吃的饼干的形状。**"

烤饼干的做法

◆ 鸡蛋打散，加入糖和盐，混合均匀；然后加入 125 克面粉，用手或家用和面机揉成面团；加入切成小块的黄油（不要提前软化黄油），再次揉搓，直到得到一个不粘手的面团。

◆ 用保鲜膜将面团裹住，在冰箱冷藏室中放置至少 1 小时。取出面团，将剩余的 5 克面粉撒在擀面板上，将面团擀至厚 2~3 毫米。

◆ 在面饼上切出各种形状的面片。注意，不要把它们切得太大或太小，应保证能完整放入孩子口中。

◆ 相同形状的饼干每次最好至少做 2 个：2 个心形、2 个圆形、2 个方形、2 个星形、2 个月形、2 个条形……

◆ 烤箱预热后，将面片放入烤箱，调至 180 ℃烘烤 10 分钟左右即可。

❶

你可以在下午茶时间和孩子做这个练习。

❷

没吃完的饼干可以放在罐子里密封储存，在以后的下午茶时间拿出来食用。你也可以将上述原料增加一倍，一次性制作两次练习要用的饼干。

感知口腔

温馨提示

◆ 不要用切成各种形状的橡皮泥代替饼干，除非它是可食用的！不过，我还是建议你不要使用橡皮泥，因为它质地过软，不利于孩子用舌头"摸索"它的形状。

◆ 不要用塑料玩具代替饼干，因为这可能导致孩子误吞而窒息！

◆ 在做这个练习时，请你时刻关注孩子，防止孩子在含饼干时因误吞而窒息。

打开烤箱，
开始行动吧！

模仿动物的叫声

这是第一个让孩子真正开口说话的练习。在这个练习中，孩子无须说句子。本练习将训练孩子的口腔，锻炼孩子的模仿能力。

大师级别 ⭐⭐⭐

准备工具 ✏️

◆ 一些动物玩偶（可以使用孩子的玩偶）或有关动物的图书。

口腔 名名感

练习时长 ⏱️

10~15 分钟。

练习方法

◆ **让孩子玩动物玩偶，或者和孩子一起读一本有关动物的图书。**

◆ 模仿动物的叫声，并引导孩子一起模仿。

以农场中常见的动物为例。请你用手指着牛玩偶或图书中的牛，说出它的名字，并模仿它的叫声。你可以说**"哇，看看这头美丽的牛，它会'哞哞'叫！""你会学牛叫吗？试着说'哞——'"**等。

请你评价孩子的模仿：**"你学得可真像！"**

换一种动物，如鸭子。你可以说**"你看这只鸭子，它张开大嘴说'嘎嘎'""你能试着模仿鸭子的叫声吗？"**等。

即使孩子模仿得不太像，也不要紧，你仍然要表扬他并评价他的模仿："**啊！多么有趣的鸭子，神气极了！**"

接下来，引导孩子模仿其他动物的叫声，但如果孩子拒绝模仿某些动物，你要尊重孩子的意见。

将这个练习打造成愉快的亲子游戏：你可以扮演嗅孩子脚趾的猪、舔孩子脸颊的狗、啄孩子手臂的鸭子……

在生活中，你和孩子每次遇到真实的动物时，都可以进行这个练习。

温馨提示

◆ 孩子可能难以模仿某些动物的叫声。在这种情况下，你可以让孩子仔细观察你模仿动物叫声时嘴部的动作。你和孩子最好面对面而坐，你应尽量夸大嘴部的动作，以便孩子领会技巧。

◆ 你在模仿动物的叫声时，应该留心观察自己嘴部的动作，并在孩子模仿时给孩子一些建议。例如，模仿牛的叫声时，双唇必须紧紧贴在一起，然后分开。

开始模仿动物的叫声吧！

口腔口舌敏感

声音消消乐 ①

这个练习的目的是通过模仿日常生活中的声音来锻炼孩子嘴唇的灵活性。

大师级别 ⭐⭐⭐

准备工具 ✏ ◆ 本书附赠的游戏卡片。

练习时长 ⏱ 10 分钟，可根据实际情况延长练习时间。

练习方法

准备环节

将这些卡片复印、裁剪，并放入塑料保护套。将这些卡片平均分给你和孩子。双方手持卡片，不要让对方看到自己手里卡片上的内容。

游戏流程

◆ 你和孩子同时出一张卡片。

◆ 仔细观察这两张卡片上是否有相同的图案，先发现相同图案的人用手指出图案并发出与图案对应的声音。

◆ 先发现相同图案并发出正确声音的人可以把这两张卡片都收到自己手中。

◆ 如果这两张卡片上没有相同的图案，双方就重新出一张卡片。

◆ 当其中一方无卡片可出时，游戏结束。拿到所有卡片的一方获胜！

① 这个练习改编自法国桌游公司阿斯莫迪（Asmodée）推出的纸牌游戏 "Dobble"。这是一款图案识别类游戏，玩家需要在不同卡片上找到相同的图案。

1

举个例子，你出了一张带有猫、马、枪和蛇的卡片。

孩子出的卡片上有正在吹泡泡的孩子、发出嘘声的孩子、电话和蛇。

2

这时，你对孩子说：**"你能找到两张卡片上相同的图案吗？你如果找到了，就赶紧发出与这个图案对应的声音，如果我在你之前发出正确的声音，你的卡片就归我啦！"**

如果孩子先发出**"咝咝——咝咝——"**的声音，他就可以把这两张卡片收到自己手中了。

3

继续出卡片并模仿与重复图案对应的声音，直到其中一人输掉所有卡片。

4

即使孩子没有抢先找到相同的图案，你也应要求孩子发出与图案对应的声音。

温馨提示

◆ 在游戏开始之前，和孩子一起了解卡片上所有图案对应的声音。否则，孩子可能不知道如何发出与图案对应的声音。

具体如下。

→ 枪（"砰！"）。

→ 电话（"叮铃铃"）。

→ 狗低吼（"呜——呜——"）。

→ 炸弹（"嘣！"）。

→ 正在吹泡泡的孩子（"呼——"）。

→ 发出嘘声的孩子（"嘘！"）。

→ 哭泣的婴儿（"哇——"）。

→ 猫（"喵——"）。

→ 敲门声（"咚咚咚——"或"哒哒哒——"）。

→ 蛇（"咝咝——"）。

→ 吃棒棒糖的孩子（"吧唧吧唧——"）。

→ 蜜蜂（"嗡嗡——"）。

→ 奔跑的马（弹响舌头或"踢踏踢踏——"）。

和孩子一起转动眼睛，开始观察吧！

感知口腔

拟声词说话游戏

这个练习能帮助孩子在发音、控制嘴部动作和沟通交流之间建立联系。在这个练习中，你将向孩子展示如何发出并使用声音。

感知口腔

大师级别 ⭐⭐⭐

准备工具 ✏️

◆ 孩子的玩具：小动物玩偶、卡通人物玩偶、玩具车、摩比世界（playmobil）拼组情景玩具……

练习时长 ⏱️

10 分钟，可根据实际情况延长练习时间。

练习方法

◆ 让孩子玩他的玩具。

◆ 玩法与往常不同：告诉孩子，你不会对这些玩具说完整的句子，你只会说一些拟声词或语气词。

◆ 很快，孩子就会模仿你的做法来发出声音，并逐渐沉浸到游戏中。

以百乐宝玩具为例。

你用声音表达出这些玩具的想法、感受和动作。具体如下。

→ 问候、称呼:"哦吼""哎哟""哦嘿""噗哝"。

→ 假装咳嗽、打喷嚏、打鼾、笑、打哈欠、叹气:"噗呼""阿嚏"。

→ 要求对方安静:"嘘——"。

→ 抒发情感:哭声、惊叹声"哦——";埋怨声"哎哟";呼喊声、高兴时发出的声音"呦嘿"。

→ 表达感受:喜欢某种口味或气味时发出"嗯——""吧唧";不喜欢某种味道时发出"咦""呸"。

→ 表示动作:小便声"刺——";敲门声"咚咚";闹钟声"叮铃铃";摔倒声"嘣咚";打电话时发出"喂——"。

→ 模仿天气状况:风声"呼——";雨声"噼里啪啦";暴风雨声"呜——";冰块碎裂声"咔咔——"。

→ 各种动物的声音、车辆经过的声音"隆隆——";喇叭声"哔哔——"。

以同样的方式处理每个玩具的"说话"方式,为每个玩具设定一个拟声词。

为了让玩具"栩栩如生",你要不断变换语调,并鼓励你的孩子也这样做。说话的"音调"是非常重要的。

温馨提示

◆ 孩子很快就会喜欢上这个游戏,并逐渐沉浸其中。10分钟后,他可能忘记你的存在,完全投入游戏。你应该逐渐淡出游戏环节,不要打扰孩子。

◆ 在游戏开始之前,你应该为孩子讲解游戏规则。否则,孩子很可能不知道该怎么玩。

发挥想象力,发出各种拟声词吧!

驯服声音

在日常对话中练习并掌握发音方法

通过做第一部分的练习，孩子认识了口腔的结构及发音所需的动作。第二部分将更加精准地帮助孩子借助舌头发出声音。

发音，一项需要练习的"体操运动"

我们的发音器官（舌、唇、软腭、齿等）必须在特定的位置上做出合适的动作，才能发出正确的音。发音器官的位置发生一丁点儿变化都会引起音的改变。

汉语拼音中共有 26 个字母，它们组成了 23 个声母、24 个韵母及 16 个整体认读音节。具体内容如下。

声母：声母的发音过程就是气流受阻和克服阻碍的过程。除 y、w 这两个隔音字母外，其余 21 个声母可按照气流受阻的位置（发音部位）和阻碍气流的方式（发音方法）这两大因素进行分类。

- **根据发音部位分类**

◆双唇音和唇齿音：b、p、m、f。

◆齿龈音（舌尖中音）：d、t、n、l。

◆舌面后音（软腭音、舌根音）：g、k、h。

◆舌面前音（硬腭音）：j、q、x。

◆平舌音（舌尖前音）：z、c、s。

◆翘舌音（舌尖后音）：zh、ch、sh、r。

- **根据发音方法分类**

◆塞音：b、p、d、g、k、t。

◆塞擦音：z、c、zh、ch、j、q。

◆擦音：f、s、sh、r、x、h。

◆鼻音：m、n。

◆边音：l。

韵母：韵母是一个汉语字音中声母和字调以外的部分。在汉语拼音中，韵母按照结构和发音特点，可分为不同的类别。

● **按韵母的结构分类**

◆单韵母：a、o、e、i、u、ü。

◆复韵母：ai、ei、ui、ao、ou、iu、ie、üe、er。

◆前鼻音韵母：an、en、in、un、ün。

◆后鼻音韵母：ang、eng、ing、ong。

● **按首个元音的发音口形分类**

◆开口呼：不以 i、u、ü 开头的韵母。

◆齐齿呼：i 或以 i 开头的韵母（如 iou、iao、ie、ia 等）。

◆合口呼：u 或以 u 开头的韵母（如 ua、uo、uai、uei 等）。

◆撮口呼：ü 或以 ü 开头的韵母（如 üe、ün、üan 等）。

整体认读音节：共有 16 个，它们是 zhi、chi、shi、ri、zi、ci、si、yi、wu、yu、ye、yue、yin、yun、yuan、ying。

孩子只有能够单独发出以上这些音和音节，才能正常开口说话，这就要求孩子精准控制口腔内各部位肌肉的运动。

发音的几个重要阶段

孩子无法发出全部的音是很正常的。孩子通常需要花时间做大量练习才能掌握发音技巧。

● 孩子 2 岁半至 3 岁时，应该可以准确说出"美好""帮忙""电话"等每个字都以"m""h""b"或"d"为声母的词。

● 孩子 3 岁至 3 岁半时，应该可以准确说出"哥哥""葡萄""你看"等每个字都以"g""p""t""n"或"k"为声母的词。

● 孩子 3 岁半至 4 岁时，应该可以准确说出"房间""全新"等每个字都以"f""j""q"或"x"为声母的词。

● 孩子 4 岁至 6 岁时，应该可以准确说出"走了""自然"等每个字都以"z""l""r"或"s"为声母的词。

● 孩子 6 岁至 6 岁半时，应该可以准确说出"测试""成长""出生""城市"等每个字都以"c""sh""ch"或"zh"为声母的词。

孩子只有正确发出这些音，才能够适应小学一年级的学习和生活；同时，学会发这些音标志着他做好了学习书面语言的准备。孩子可能在 5 岁以后仍然无法正确发出某些音，要么完全发不出这些音，要么用其他音代替发不出的音，这种现象是正常的。随着年龄的增长，孩子可能改变他的发音方式。发音障碍有以下两种。

◆ 单一性发音障碍，指孩子无法发出某个音。

◆ 复合性发音障碍，指孩子无法发出多个音。

怎样帮助孩子发出所有的音？

不要等到孩子出现明显的"说话难题"才寻求言语治疗师的帮助，因为你可能需要花很长时间排队。本部分将指导你帮助孩子发出他目前尚且无法发出的音。再次提醒，不要拖延，要尽快锻炼孩子的言语能力！

循序渐进的练习方式：从单个音到整个词

如果孩子无法发出某些音，不要让孩子同时练习发出这些音，因为孩子很可能混淆。正确的做法是每次只练习一个音。你可以选择一个音，让孩子针对这个音勤加练习，直到孩子能自如地发出这个音并在对话中灵活使用它。为此，孩子必须正确掌握发音的位置，并充分地活动它们。

在孩子能够单独发出这个音后，你可以针对包含这个音的音节进行练习，进一步锻炼孩子的言语能力。该音可能位于某个音节的开头、中间或结尾，并且前后可能有其他元音，这些因素都会影响口腔中发音部位活动时的位置，而这样的练习能帮助孩子灵活地活动口腔内的肌肉。在这个阶段，练习的内容只限于音节，不要将难度上升到词。只有孩子流利地读出音节，才说明他做好了读词的准备。

如果孩子能够在你的指点下纠正发音错误，你就要让他不断复习正确的发音，这样才能让孩子在说话时自然而然地使用正确的音。相关经验告诉我们，孩子复习正确发音的次数越多，这个音就会越快地被纳入他的发音系统！因此，如果孩子下次发错了一个音，作为家长的你不要仅仅猜测孩子想发的音到底是什么，而应该及时纠正并让他正确发音。如果你不纠正发音错误而直接表现出已经理解的样子，孩子就会觉得没必要纠正。请记住，你自身携带"解码器"，可以理解自己的孩子紊乱的语言。然而，脱离家庭环境后，其他人不一定能理解你的孩子想表达什么。因此，纠正孩子的发音错误是为了孩子好！

感受舌头和舌位

舌头对发音起着关键作用。每个音都有特定的"发音位置"。

→ 舌尖贴在①**切牙乳头**，即上颌中切牙后面的一个小球上，发出"l"音。

→ 舌尖顶住②**上颌中切牙**的背面，发出"t""d""n""s""z"音。

→ 舌头贴近③**切牙乳头的后方**，舌头抬到腭处，发出"sh"音。

→ 舌根贴近口腔深处的④**腭末端**，发出"h""k""g"音。

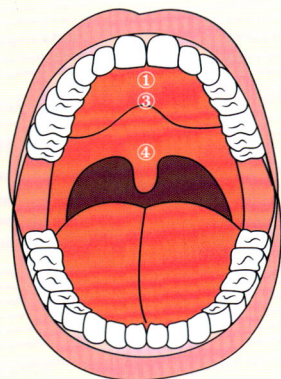
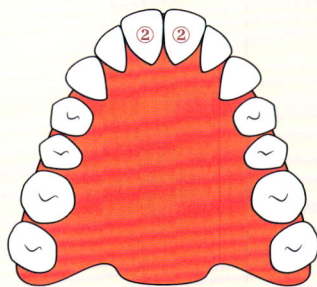

让孩子充分感受这些发音位置有助于标准地发音。在练习时，你要保证自己的舌位正确，才能准确地向孩子解释如何移动舌头。

如何利用本部分的内容？

本部分中的练习遵循孩子的学习曲线，通过循序渐进的方式训练孩子发出之前无法发出的音。

◆新手级别的练习将教给孩子如何发出声母。你可以根据孩子无法准确发出的音选择恰当的练习，无须按顺序练习。

◆进阶级别的练习通过将声母和韵母进行组合来锻炼孩子的发音能力，能为孩子下一步练习词的发音打下基础。这些练习仍然无须按顺序进行，你可以根据孩子的薄弱项进行针对性练习。

◆孩子在掌握不同类型声母与韵母的任意组合后，就可以进行大师级别的练习了。这些练习通过念出含有某个声母的词来锻炼孩子的发音能力。你需要带领孩子按顺序进行练习，但你可以跳过某些难度过高的练习。

带领孩子去"驯服声音"吧！

嘘①——该睡觉了

我们从让很多孩子都感到困扰的声母"sh"开始练习。这个练习可以帮助孩子正确发出这个音。

驯服声音

新手级别 ⭐

准备工具 ✏️

◆ 孩子的玩具。

练习时长 ⏱️

每晚睡觉前的几分钟。

练习方法

◆ 让孩子先哄他的玩具"入睡",再上床睡觉。

◆ 引导孩子将玩具放在他面前,然后根据你的指示哄它"入睡"。你可以根据第 48 页的图来向孩子解释和示范如何正确发音。

---

① "嘘"是多音字,此处读作"shī"。

拿孩子喜欢抱着入睡的毛绒玩具举例。

你可以告诉孩子："该哄小熊睡觉了，我们把灯关上，然后提醒它别再说话了，对它说'嘘——'。"

让孩子把舌头抬到腭处（在第48页图上的③附近），并停留在那里。

继续告诉孩子："现在关上窗户！"

让孩子噘起嘴，嘴唇成圆形，保持舌头贴近腭处。

最后对孩子说："现在呼气，发出'嘘——'声，小熊很快就会进入梦乡。"

让孩子保持嘴唇成圆形，舌头贴近腭处，然后发出"sh"音。

让孩子对着他所有的玩具做这个练习，多次重复发出"sh"音。

你最好也做一下这个练习，感受舌头的位置，这样能给孩子提供更好的指导。

做练习时，你应当面对孩子，尽量将嘴唇和舌头的动作进行夸张演示。

演示时不要忘记加上手势（食指放在嘴唇上），这有助于孩子噘起嘴唇。

温馨提示

◆ 这个练习也可以用来训练发出"f"音。你扮演"睡魔"，假装手里有"魔法粉末"，轻轻一吹就可以催眠玩具。让孩子假装手里也有"魔法粉末"，只要吹动"魔法粉末"，玩具就会立马"入睡"。孩子在吹气过程中会发出"f"音。

驯服声音

哄小熊睡觉吧，练习发出"sh"音和"f"音！

饥肠辘辘的小动物

这个练习能锻炼孩子发出单个音的能力，孩子将分别练习发出"s"和"h"这两个音。

新手级别 ⭐

准备工具 ✏️

- 一个狮子玩偶或老虎玩偶（没有的话，可以在纸上画一头狮子或老虎，涂色并剪下来）。
- 一个小的蛇玩偶（没有的话，可以在纸上画一条蛇，涂色并剪下来）。
- 一些小的标签。
- 一支黑色签字笔。
- 一些燕麦粒（可以拿小纸球代替）。
- 一个盒子。

练习时长 ⏱️

10 分钟，可根据实际情况延长练习时间。

练习方法

- 你单独或和孩子一起，找出名字包含"s"音的食物（如酸奶、大蒜、竹笋）和名字包含"h"音的食物（如黄瓜、西红柿、菜花）。

- 把它们的名字写在标签上，并把标签放在盒子里。

- 在桌子上放两排燕麦粒（或纸球）。

- 你和孩子分别扮演一种动物，在每排的排头处放一只玩偶（或剪纸）。如果想让孩子练习发"s"音，就放蛇玩偶（或蛇的剪纸）；如果想让孩子练习发"h"音，就放狮子玩偶（或狮子剪纸）或老虎玩偶（或老虎剪纸）。像蛇一样发出"咝咝"声，像狮子（或老虎）一样发出"吼吼"的咆哮声！

1

扮演狮子或老虎的一方先从盒子里抽取标签！举个例子，孩子扮演的是狮子，他从盒子里抽出一个上面写着"海带"的标签。请你问孩子：**"在说出'海带'这个词的时候，你听到这个词包含的'h'音了吗？"**

2

如果孩子分辨出这个词包含"h"音，你就可以对他说：**"没错，'海带'这个词的确包含'h'音**，现在狮子可以吃燕麦粒了！"此时，孩子可以将狮子玩偶向前移动，模仿狮子发出**"吼吼"**声并"吃掉"燕麦粒（将一颗燕麦粒从桌子上拿走）。

如果孩子没有识别出"h"音，而是将其错听成了"s"音，你就可以边模仿自己扮演的蛇发出**"咝咝"**声边让动物玩偶向前移动，并让它"吃掉"一颗燕麦粒。

3

当一方到达终点时游戏结束。

获胜的动物玩偶把这一排燕麦粒都"吃"完了，也"填饱"了肚子。

温馨提示

◆ 在纸盒中，写有包含"h"音的词和包含"s"音的词的标签的数量必须一致，这样才能保证游戏公平。不要写同时包含"h"音和"s"音的词。你还可以用写有其他动物名字的标签代替燕麦粒作为"狮子"和"蛇"的"食物"。

◆ 孩子不需要重复读整个词。这个练习的目的是让孩子识别单个音："s"音或"h"音。

◆ 如果孩子无法流畅地发出"h"音，你可以让他做"漱口游戏"（详见第35页）。提醒孩子尽量将水含到舌根处。

◆ 如果孩子无法流畅地发出"s"音，你可以让他伸出一小截舌头（像蛇吐芯子那样），把嘴噘成圆形，然后吐气。

◆ 练习时，你要面对孩子做示范，声音和嘴唇的动作尽量夸张。

和孩子一起识别声音吧！

传球练习

这个练习针对"l"音。这个音比我们想象的更难发出，但你可以为孩子提供帮助。

新手级别 ⭐

准备工具 ✏️

◆ 一个气球或一个纸团。

练习时长 ⏱️

5 分钟，可根据实际情况延长练习时间。

练习方法

◆ 和孩子玩传球游戏。

◆ 给孩子复述"在家里很无聊的小鼻涕虫"的故事（**详见第 28 页**）。

◆ 让孩子再次用舌尖感受上颌中切牙后面的"小球"（**第 48 页图中的①切牙乳头**）。

◆ 传球过程如下。

➡ 双手持气球或纸团，向上前方伸出双臂，同时舌尖抬至切牙乳头处。

➡ 将舌尖向前弹，发出"l"音，与此同时，双臂发力将球抛出。

给孩子做示范，你双手持气球或纸团，双臂向上前方伸出，说：**"看，我伸出双臂准备发球，我的舌尖也会做同样的动作，它会向上抬起，用力触碰切牙乳头！"** 在把球扔给孩子的同时，你要发出**"l"** 音。

孩子接住球，做同样的动作：**双手持球，双臂向上前方伸出，同时舌尖抬至切牙乳头处，然后抛球并发出"l"音。**

你和孩子来回传球，直到孩子不想继续练习。

传球时要靠孩子近些，以便他看清你舌头的动作。

温馨提示

◆ 必须将舌尖抬升至切牙乳头处才能发出"l"音。抬起双臂可以提醒孩子将舌尖抬起。向前弹舌的动作必须非常干脆、简短。

◆ 如果在多次尝试后，孩子还是无法正确发出"l"音，你就要向言语治疗师求助。不要强迫孩子继续练习发这个音，因为这可能导致孩子用一个错误的音来取代"l"音。这条建议适用于所有音！

和孩子一起通过传球游戏来练习发出"l"音吧！

驯服声音

敲还是不敲？剪还是不剪？

现在我们来帮助孩子练习"d"音和"k"音。

新手级别 ⭐

准备工具 ✏️

- 练习"d"音：一个软木塞，一支铅笔。
- 练习"k"音：一把剪刀，一张废纸。
- 练习上述两个音都需要准备：一张白纸和一支黑色签字笔。

练习时长 ⏱️

5分钟，可根据实际情况延长练习时间。

练习方法

- **练习"d"音**：把铅笔削尖，插到软木塞里，做成一个"锤子"，在白纸上分别写下可以用锤子敲的东西（如钉子、鼓、球等）和不能或不应该用锤子敲的东西（如玻璃杯、窗户等），得到两份词汇表。

- **练习"k"音**：给孩子一张废纸和一把剪刀，在白纸上分别写下可以剪的东西（如落叶、线头、掉落的头发等）和不能剪或剪不断的东西（如叉子、汽车、钥匙等），得到两份词汇表。

- 你依次清晰读出词汇表上的词。

- 孩子每听到一个词，先判断能否敲或剪，再做出相应的动作，口中发出相应的声音。用锤子敲时，孩子应说出"咚咚"；用剪刀剪时，孩子应说出"咔咔"。

驯服声音

1

以练习**"d"**音为例。你要告诉孩子:"接下来,我会读一些词。如果这个词代表的东西可以被敲,你就用锤子敲击桌子,并说出敲击声'咚咚';如果这个词代表的东西不能被敲,你就不要动,也不要说话。"

你读第一个词:**钉子**。此时孩子应该用锤子敲击桌子,大声说出"咚咚"。

2

接下来,你读第二个词:**玻璃杯**。此时孩子应该保持不动,也不说话,因为如果敲下锤子,玻璃杯就会碎!

3

你继续读词汇表上的词。

词汇表越长越好,这样可以保证练习时间充足。如果你想不出足够多的词,也可以重复使用已经说过的词。

温馨提示

- ◆如果孩子无法发出"d"音,你就要让孩子用舌尖用力顶牙齿。

- ◆如果孩子无法发出"k"音,你就要让孩子用舌根轻弹软腭。提醒孩子不要用舌头弹牙齿,可以用手指把舌头向上卷起来并固定住,然后振动舌根。

- ◆可以在写有不能或不应该用锤子敲的东西的词汇表中加入孩子的兄弟姐妹的名字,当孩子听到这些人的名字时,会开心地大笑。

开始用"锤子"和剪刀做游戏吧!

振动"马达"

这个练习能帮助孩子体会如何通过振动声带来发出声音。主要针对 3 个音:"w""c"和"j"!

新手级别 ⭐

准备工具 ✏️

◆ 两张白纸。
◆ 几支彩色记号笔。
◆ 一支铅笔。
◆ 一把剪刀。
◆ 一卷胶带。

练习时长 ⏱️

10~15 分钟。

驯服声音

练习方法

◆ 用剪刀把一张白纸剪成 12 张相同大小的纸片。

→ 如果要练习发出"w"音,就在这 12 张空白纸片上分别画出 6 对不同样式的花朵,在另一张白纸上画一只小蜜蜂。

→ 如果要练习发出"c"音,就在这 12 张空白纸片上分别画出 6 对不同颜色的靶子,在另一张白纸上画一支水枪。

→ 如果要练习发出"j"音,就在这 12 张空白纸片上分别画出 6 对不同造型的房子,在另一张白纸上画一只小鸡。

→ 把小蜜蜂、水枪或小鸡图案剪下来,贴在铅笔末端,得到一支"声音魔杖"。

在这个练习中，孩子要边练习发音，边找出相同的纸片。

❶

以"w"音为例。将所有画有花朵的纸片扣在桌子上并打乱。

孩子拿起**带有小蜜蜂图案的"声音魔杖"，口中发出"嗡嗡"的声音并让"小蜜蜂"从这些纸片上方越过，"降落"在任意一张纸片上。**然后，你把这张纸片翻过来，告诉孩子这朵花的颜色，并对他说：**"小蜜蜂降落在蓝色花朵上，现在你要找出另一朵蓝色的花。"**

❷

孩子操纵"小蜜蜂"重新"飞"起来，口中发出"嗡嗡"的声音，让"小蜜蜂"停在另一张纸片上，查看这张纸片是否画有蓝色花朵。当孩子找到另一张画有蓝色花朵的纸片时，孩子就赢得了这两张画有蓝色花朵的纸片。

❸

如果"小蜜蜂"降落的纸片未画有蓝色花朵，你就要把这张纸片面朝下放回原位，然后继续游戏。你可以对孩子说："**哎呀！这是黄色花朵，不是蓝色的！小蜜蜂得继续飞了！**"

❹

重复上述环节，直到孩子找出 6 对花朵。当然，你可以添加几对画有不同颜色花朵的纸片来提高练习难度、延长练习时间。每轮练习结束后，你要把所有纸片重新扣在桌子上并打乱。

温馨提示

◆ 在玩游戏的过程中，你要引导孩子通过振动喉部的声带来发出声音。可以让孩子把手放在喉部，感受发"w""c""j"音时声带的振动。孩子会明白，只要振动声带这个"马达"，就能发出声音。

振动"马达"吧！

唱出音节

通过本部分新手级别的练习，孩子已经可以发出一些单独的音了。现在你可以让孩子将声母和韵母结合起来练习发音，为"通过说词来练习发音"打下基础。

进阶级别 ⭐⭐

准备工具 ✏️

◆ 几首儿歌。

练习时长 ⏱️

3~4 分钟，可以利用碎片时间进行练习。

练习方法

◆ 将准备练习发出的声母与韵母（如"a""o""e""i""u""ü"等）组合起来，得到一个音节。

◆ **让孩子选择一段他喜欢的儿歌，用这个音节唱出旋律。**

❶

以"l"音为例，让它和韵母"a"组成音节"la"。

请你对孩子说：**"咱们来唱歌吧！你喜欢哪首歌？"** 选择几首儿歌，让孩子选一首他最喜欢的，例如《数鸭子》。

❷

你继续说："这首歌太棒了，咱们不唱歌词，用'la'来代替。"**然后和孩子一起唱这首儿歌。**

❸

将"l"和其他韵母组合成其他音节，如"li""le""lu"等。

这个练习可以随时随地进行。对儿歌的选择没有要求，你可以选择收音机中、汽车播放器中、手机中或电视节目中的儿歌。

温馨提示

◆ 刚开始练习时，你最好选择节奏较慢的儿歌，让孩子慢慢用音节唱出旋律。在孩子逐渐熟练后，你可以选择节奏欢快的儿歌。

唱出这些音节吧！

"撞倒"声音

只有勤加练习才能流利发音。这个练习可以锻炼孩子说出某一声母与不同韵母组合成的音节的能力。

进阶级别 ⭐⭐

准备工具 ✏️

- 一张白纸。
- 一把剪刀。
- 一辆玩具小汽车。
- 一支黑色记号笔。

练习时长 ⏱️

10 分钟。

练习方法

◆ 将白纸剪成大小相同的 24 个长方形纸片，并将它们分别对折，做成可以立住的样子。**在纸片的正面写上以下韵母**：a、o、e、i、u、ü、ai、ei、ui、ao、ou、iu、ie、üe、er、an、en、in、un、ün、ang、eng、ing、ong。

◆ 将纸片摆在地板上，让孩子拿着玩具小汽车跪或坐在纸片前 1~1.5 米处。

让孩子一边说出声母与要撞倒的韵母组合成的音节，一边推动小汽车。以练习"t"音为例。

不断重复这个练习，直到所有纸片都被小汽车撞倒。

②

你坐或站在纸片后面，告诉孩子目标纸片和他应该发出的音节："**一边说出'ta'一边推动你的小汽车，让它撞倒写有'a'的纸片！**"

温馨提示

◆声母可能无法与某个韵母组成音节，如果遇到这种情况，就跳过这张纸片。你如果想延长练习时间或者加强对某个音的练习，就让孩子离纸片远一点儿，这样他必须多推几次小汽车才能撞倒纸片，而他每次推车都要重新说出音节，嘴巴的活动就会更多！

③

孩子一边说出"ta"这个音节，一边推动小汽车。

孩子如果没有撞倒纸片，就要重新一边说出"ta"一边推动小汽车，直到撞倒目标纸片。如果孩子准确说出了"ta"这个音节并撞倒了纸片，就可以练习说出下一个音节了。此时，你可以对孩子说："**现在撞倒写有'u'的纸片……说出'tu'！**"

让孩子用小汽车"撞倒"声音吧！

吹羽毛

做这个练习，孩子可以在快乐玩耍的同时说出各种各样的音节。

进阶级别 ⭐⭐

准备工具 ✏️

- 两根羽毛，最好颜色不同。
- 两张纸条。
- 一卷胶带。

练习时长 ⏱️

5 分钟，可根据实际情况延长练习时间。

练习方法

- 用纸条来标记赛道的起点和终点。

- 你和孩子一起跪坐在起点处，都把自己手中的羽毛放在起点。

- 你和孩子分别通过发音来吐气，将羽毛向前吹动，羽毛先到达终点的人获胜。

1

以练习发出"f"音为例。**让孩子把嘴唇靠近羽毛，告诉孩子要练习发出的是"f"音。**将这个音与韵母（如"a""o""u"等）组合。请你告诉孩子要通过发音来吹动羽毛，让它向前移动："**你的嘴巴要靠近羽毛，大声说'fa'来吹动羽毛！**"孩子说出"fa"之后，羽毛就会向前移动。

2

现在轮到你通过说"fa"来吹动羽毛前进，你可以对孩子说："**看看我能不能比你吹得远！**"

3

换其他音节，重新开始，先到达终点的一方获胜。

温馨提示

◆ 这个练习适用于很多声母。你可以事先验证是否适用于某个声母：对着羽毛说一个包含该声母的音节，如果可以吹动羽毛，就证明可行。

驯服声音

和孩子一起吹羽毛吧！

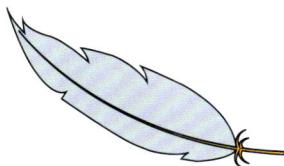

音节滑梯

恭喜你带领孩子完成了前面的练习，相信孩子的发音能力已经取得了很大的进步！每个练习都应该让孩子感到像玩游戏一样愉快，只有这样他才能坚持下去。现在，请你和孩子继续一起边玩边练吧！

进阶级别 ⭐⭐

准备工具 ✏️

- ◆ 一个卷纸纸筒芯。
- ◆ 一卷胶带。
- ◆ 一把剪刀。
- ◆ 一个小人偶玩具。
- ◆ 要练习音节的清单。

练习方法

- ◆ 用纸筒芯做一个滑梯：将纸筒芯纵向切成两半，并上下粘在一起，做成滑梯。

- ◆ 你说出一个声母，让孩子重复，并让小人偶玩具从滑梯上滑下来。

练习时长 ⏱️

5 分钟，可根据实际情况延长练习时间。

以练习发出"ch"音为例。你要告诉孩子:**"看,我为你的玩具做了一个滑梯。咱们可以让它滑滑梯,玩具滑下去时,你要发出'ch'这个音。"**

向孩子展示如何操作:把一个小人偶玩具放在"滑梯"上,让它自由滑下去,同时发出"ch"音,当玩具滑到地面上时发出韵母"ong",这样就说出了完整的音节"chong"。

❷

用其他韵母重复这个游戏(可组成音节"cha""che""cheng""chu"等)。

温馨提示

◆ 为了增加练习的趣味,你可以让孩子把"滑梯"放在桌子边缘,然后在地上放一个纸盒,这样他就可以试着让玩具落到纸盒里。

◆ 在夏天,你可以和孩子在室外做这个练习,让玩具滑到水盆里或泳池里。

◆ 带着孩子在公园散步时,你可以让孩子边滑滑梯边练习发音。

驯服声音

让音节"滑"
起来吧!

捉老鼠的"声音陷阱"

这个练习针对翘舌音（"zh""ch""sh""r"）与韵母的组合，保证让孩子捧腹大笑！

进阶级别 ★★

准备工具 ✏️

- 一个软木塞。
- 一把细螺丝刀或一根毛衣针。
- 一根绳子或粗毛线。
- 一支黑色和一支粉色的记号笔。
- 一张白纸。
- 一把剪刀。

练习时长 ⏱️

5分钟，可根据实际情况延长练习时间。

练习方法

- **制作道具老鼠：**用细螺丝刀或毛衣针纵向穿透软木塞制作一条隧道；将绳子或粗毛线穿过隧道，在软木塞尾端打个结并留下一小段，在软木塞前端也打个结以固定。这个软木塞代表老鼠的身体，尾端的一小段绳子或粗毛线代表老鼠的尾巴。

- **装扮道具老鼠：**用黑色记号笔把软木塞前端的结涂黑，做成老鼠的鼻子，在软木塞上画出老鼠的耳朵轮廓和眼睛；用粉色记号笔把老鼠耳朵内部涂成粉红色的。

- **制作一些"奶酪"来喂道具老鼠：**将白纸剪成6个三角形，分别在上面写上韵母"a""o""e""i""u""ü"。

游戏目的是捉住"老鼠"，赢得所有"奶酪"。孩子将扮演猫，他必须正确说出翘舌音与韵母组合成的音节，同时快速抓住"老鼠"。而你要拉住"老鼠"的尾巴，把它从孩子手里救出来。

❶

以练习发出"zh"音为例。你抓住"老鼠"的尾巴，把它的身体（软木塞）放在孩子面前的桌子上，告诉孩子："现在它是老鼠，你是猫，你想抓住并吃掉它。你要伸出爪子抓住它的尾巴，同时大声说出'zhi'。"

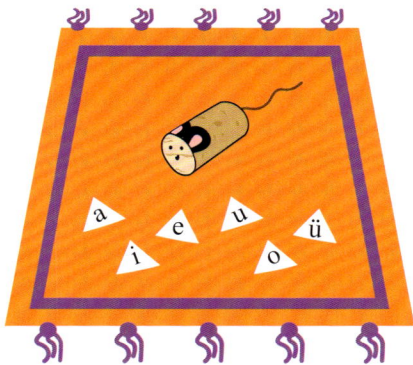

❷

孩子如果正确发音并且抓住"老鼠"的尾巴，就赢得相应的"奶酪"。如果发音不正确，孩子就必须重新去抓"老鼠"的尾巴并发音。

❸

重复游戏，直到孩子赢得所有"奶酪"。

你要记得将每个翘舌音与所有单韵母分别组合，让孩子不断练习。

温馨提示

◆ 调整"老鼠"尾巴的长短来合理控制每轮练习的难度和时长。在剪断绳子或粗毛线之前，你可以测试一下尾巴长度是否合适，以免尾巴太短而重新制作道具老鼠！

◆ 如果"老鼠"的尾巴太长，孩子就能很轻易地抓住"老鼠"。

◆ 如果"老鼠"的尾巴太短，游戏难度就会升高，孩子可能很难抓到"老鼠"。

动手"捉拿"声音吧！

传递"声音球"

现在，孩子已经掌握了声母和韵母组合成的音节。你可以把声母放在词中让孩子练习了。从人名开始吧！

大师级别 ⭐⭐⭐

准备工具 ✏️

◆ 8 张较厚的 A5 白纸。

◆ 一把剪刀。

◆ 几支彩色记号笔或彩色铅笔。

◆ 一个小球或小纸团。

练习时长 ⏱️

5 分钟，可根据实际情况延长练习时间。

练习方法

◆ 将每张 A5 白纸先沿长轴对折再平铺，以折线为中轴线画一个小纸人，确保小纸人身体两侧沿折线对称。用剪刀将小纸人剪下来，保证小纸人能够直立。一共制作 8 个小纸人。

◆ 和孩子一起对这 8 个小纸人进行装饰（上色等个性化处理），将它们分别制作成 4 个"女孩"和 4 个"男孩"。

◆ 将 8 个小纸人放在地板上或在桌子上，排成一排。

◆ 给这 8 个小纸人取名字，然后把小球或小纸团传给它们。给它们取的名字必须以"小"字开头，扔球的时候，孩子在要练习发出的声母后加任意韵母（"a""o""e""i""u""ü"），编出各种有趣的名字。

以"l"音为例。请你告诉孩子："**你的这些'小朋友'可真漂亮，现在我们要给它们取名字，你知道哪些字是包含'l'音的吗？**"比如，孩子选择了"乐"（le）这个字。

请你鼓励孩子："**'小乐'真是个好名字！现在你要把球传给小乐，大声喊出它的名字！**"

然后，让孩子把这个名字分配给其中一个小纸人，向它扔小球或小纸团，并喊出"小乐"。

将声母"l"和不同的韵母随机组合，进行同样的练习，和孩子一起取名字（如小露、小丽、小拉、小吕等）。

温馨提示

- 你如果想带领孩子练习擦音（"f""s""sh""r""x""h"），就让孩子尝试用嘴把这些小纸人吹走。此时你应该选择轻薄的纸，做一些简单的人物剪纸，不需要让它们直立。

- 开始上述练习之前一定要进行测试，以确保孩子能吹动小纸人。如果孩子吹不动小纸人，就做向小纸人传球的练习吧！

驯服声音

把"声音球"传给小纸人吧！

动物园管理员

继续用造词这种有趣的方式来练习发音吧！在这个练习中，孩子将扮演一名动物园管理员，对"动物们"下达指令。

大师级别 ★★★

准备工具 ✏️

◆ 几张白纸。

◆ 几支彩色记号笔或彩色铅笔。

◆ 一把剪刀。

◆ 一个小人偶玩具。

练习时长 ⏱️

第一次练习将耗时 30 分钟，因为要动手画一些动物画像，此后的练习时长为 20 分钟左右。

练习方法

◆ **孩子拿着小人偶玩具，扮演动物园管理员。**他将在"动物园"里巡逻，并执行管理员的任务。

请你和孩子一起想一想动物园里有哪些动物（如大象、海狮、虎鲸、羚羊、鹰、小熊等）。

为你们想到的每种动物画一个简单的画像，在每个动物画像周围画一个围栏，把它们都剪下来。把图片在地板上或桌子上摊开，打造一个有很多动物的"动物园"。

动物园建好后，管理员就可以执行他的任务了。

→ **关门**。在给动物关门时，把**"吱呀"**这个词加在动物名字前。例如，孩子边做出关门的动作边说**"吱呀，吱呀，给大象关门"**。

→ **拍照**。在拍照时，在动物名字前加上**"咔嚓"**这个词。例如，孩子边做出拍照的动作边说**"咔嚓，咔嚓，给海狮拍照"**。

→ **哄小动物睡觉**。在动物名字前加上**"哦呦"**这个词。例如，孩子边抚摸小熊画像边说**"哦呦，哦呦，小熊快睡觉"**。

驯服声音

和孩子一起进入"动物世界"吧！

用声音 "购物"

在你的陪伴下，孩子的发音越来越准确了。现在，你要带领孩子识别日常生活中常用的某些音，帮他学会识读见到的物品。

大师级别 ⭐⭐⭐

准备工具 ✏️

- ◆ 一张 A3 白纸。
- ◆ 一支黑色记号笔。
- ◆ 几支彩色记号笔或彩色铅笔。
- ◆ 一把剪刀。
- ◆ 一瓶胶水。
- ◆ 各种各样的超市传单。

练习时长 ⏱️

20~30 分钟。

练习方法

- ◆ 用黑色记号笔在 A3 白纸上画一个大的手推车。

- ◆ 告诉孩子要寻找的音，并从超市传单上找到名字中包含这个音的物品。让孩子先正确地读出这个物品的名字，再把相应的图片剪下来，贴在手推车上。

以练习发出"t"音为例。请你告诉孩子:**"咱们去超市买点儿东西,要把传单上所有名字中包含't'音的东西都买下来。现在咱们一起在这张传单上找找哪些东西名字中包含't'音吧!"**

假设孩子从传单上看到了糖果。你要提醒孩子先把"糖果"这个词读出来,再把相应的图片剪下来,贴在手推车上。

各种各样的超市传单都可以用来做这个练习,你可以更换孩子要练习的音。

你还可以向孩子口述传单上没有的物品(如某些食物、衣服、电子设备等)。如果某物品名字中包含要练习的音但该物品并未出现在传单上,孩子就没法剪贴,只能把它画在"购物车"上。

温馨提示

◆ 孩子不一定认识传单上的所有物品,因此,你要告诉孩子每个物品的名字。你先说出物品的名字,再要求孩子跟读,并询问孩子是否听到了要找的某个音。这样做有助于增加孩子的词汇量。

◆ 在超市购物时,你可以和孩子做这个练习,要引导孩子仔细观察货架上的物品。

驯服声音

和孩子一起用声音"购物"吧!

标记声音

这个练习能锻炼孩子从日常生活中发现声音并正确发音的能力。

大师级别 ⭐⭐⭐

准备工具 🖊

◆ 几张彩色便利贴。

练习时长 ⏱

15~20 分钟。

练习方法

◆ **选择要练习的音。**

◆ 你带着孩子在家里走一走，寻找名字中包含目标音的物品。

◆ 找到后，在该物品上贴一张彩色便利贴，让孩子说出这件物品的名字。

以练习发出"g"音为例。你带着孩子走到浴室里，告诉他："咱们现在要观察浴室里的所有物品，我会一一告诉你这些物品的名字，然后你要告诉我是否听到了'g'音。"

如果这个物品的名字中包含"g"音（如孩子在"牙膏"这个词中听到了"g"音），就让孩子在对应的物品上贴一张彩色便利贴，然后要求他说出该物品的名字。

请你继续把浴室里剩余的物品的名字说给孩子听，如果该物品的名字中包含"g"音，就在该物品上贴上彩色便利贴。在走到另一个房间之前，让孩子再说一遍该房间内所有贴有便利贴的物品的名字。

你还可以利用抽屉里或衣橱里的物品。

温馨提示

◆ 将所有贴有彩色便利贴的物品的名字整理在一张纸上，在练习30中会用到。

◆ 完成练习后，把便利贴重新粘到一起，可在下次练习时使用！

驯服声音

来给声音贴
标签吧！

一 声 一 动

孩子必须快速地连续发音才能将词串成句子。这个练习将锻炼孩子对声音做出快速反应的能力，并帮助他纠正发音错误。

大师级别 ⭐⭐⭐

准备工具 ✏️

◆ 在练习 29 中整理好的包含要练习的音的物品名字。

◆ 不包含要练习的音的物品名字。

练习方法

◆ 请你将准备好的两组物品名字合并整理到一张清单上。注意，要让这两组物品名字穿插排列。

◆ **和孩子一起规定一个听到目标音时要做出的动作。**

练习时长 ⏱️

5~10 分钟。

驯服声音

请你逐一念出清单上的词。孩子如果听到某个词带有目标音，就必须立即复述这个词，同时做出规定的动作。如果没有听到目标音就不能动；动了的话，游戏就要重新开始。

以"r"音为例。你和孩子决定在听到这个音时做出老虎张牙舞爪的动作。

请你告诉孩子：**"现在我要念一些词。你如果听到'r'音，就做出老虎张牙舞爪的动作并立即复述这个词；你如果没有听到'r'音，就保持不动。"**

你念出清单上的第一个词，如"气球"。孩子不能动，因为他没有听到"r"音。

然后你念第二个词，如"日历"。孩子听出了"r"音，就要立刻模仿老虎张牙舞爪的样子并复述"日历"这个词。

继续练习，直到念完所有词。

你要尽可能多地准备这些词，而且要分别准备目标音位于音节的开头、中间和结尾的词。

驯服声音

温馨提示

◆ 可以在清单中罗列一些包含目标音的动词，因为日常讲话中会用到很多动词，而且孩子一般不太擅长使用动词。

◆ 你可以和孩子规定一个动作来巧妙地纠正孩子的发音错误。如果孩子发错音，你无须再念一遍这个词，只需要做出规定的动作，孩子就会知道自己的发音不正确，然后重新发音。

为声音做出规定的动作吧！

探索词汇

探究词的含义和发音，丰富和完善孩子的词汇库

前文中的练习纠正了孩子的发音错误。现在，孩子已经能够正确发出所有音了，真是太棒了！然而，孩子在日常说话时仍然可能发错音。当多个音节连接在一起时，如果结构过于复杂，孩子可能很难流畅地读出某些音节。本部分的内容涉及词的发音和词的数量（词汇量）这两个方面。

发音：在话语中感知并串联声音

现在，孩子已经知道如何正确发出所有的音，但一些较为拗口的词仍会对孩子造成困扰。当孩子没有识别出某个词中的一个或多个音时，就会出现发音错误。考虑到孩子尚且薄弱的发音能力，你可以让他通过简化发音来降低发音难度、提高说话的速度。

以下是常见的几类发音错误。

- → **前置化发音**：孩子把舌根音（"g""k"）发成了齿龈音（"d""t"），即本来应该用舌根发音，却用了齿龈发音（如把"哥哥"说成"的的"）。
- → **后置化发音**：孩子把发音部位靠前的音说成相同发音方法下发音部位靠后的音（如把"她"说成"卡"、把"包"说成"刀"）。
- → **不送气化**：将送气音发成利用相同发音部位发出的不送气音（如把"兔"说成"肚"、把"粗"说成"租"）。
- → **鼻音化**：将非鼻音说成相同发音部位发出的鼻音（如把"抛"说成"猫"、把"甜"说成"年"）。
- → **声调异常**：发音时混淆一声声调、二声声调、三声声调和四声声调。

孩子在说话时可能同时犯好几种错误，导致他人难以理解他的意思。

孩子发音能力发展的几个重要节点

孩子在某一年龄段出现发音错误是正常的。

- ◆ 从 2 岁开始，孩子所说的话应该可以让你很好地理解，但他仍可能犯一些常见的发音错误。
- ◆ 3~5 岁时，孩子的发音应该变得更加精准，能让你和其他人完全听懂。他仍然可能犯某些发音错误，但数量应该很少。

孩子说话时存在太多发音简化现象，而且他人无法理解孩子的意思，则可能存在"言语发育迟缓"。

拥有足够的词汇量才能自如地表达自己的意思并理解他人的意思

事实上，正确发音只是"探索词汇"的第一步，而第二步就是扩大词汇量。必须拥有足够的词汇量才能够很好地与他人交流（表达和理解）。

一般情况下，孩子在 11~12 月龄时，可以说出第一个词。从那时起，他的词汇量就开始积累了。当孩子开始说话时，他能听懂的词要远远多于他会说的词（在 11~12 月龄时，他已经能理解大约 30 个词）。孩子主动说出的词通常少于他已经理解的词。

你应该明白，增加孩子的词汇量不等于强迫他多说话。即使是不会说话或发音有困难的孩子，也可以记住许多词，扩充自己的词汇库。他们在弄清楚该如何发音之前，就掌握了丰富的词汇。

因此，无论你的孩子年龄多大，你都要尝试多和他交流。不要害怕使用抽象的词，因为孩子可以通过上下文理解其含义并将其纳入自己的词汇库。别再对孩子说"睡觉觉""喝水水""洗脸脸"等叠词了。从出生开始，孩子就能理解你口中正常的词，为什么不对孩子正常说话呢？孩子年龄虽小，头脑却十分灵活！

怎样增加孩子的词汇量？

随着孩子经历增多，他会从你的口中和其他场合听到越来越多的词，他的词汇量也会越来越丰富。

- 到了 12~18 月龄，孩子能够使用大约 50 个词，但他能够理解的词的数量远远超过 100 个。
- 在这之后，孩子的词汇库继续缓慢扩大，在 20~24 月龄时呈爆发式增长（他可以使用 250~300 个词）。在 6 岁前，孩子在外界正常的言语刺激下，每天可以学会 1~2 个新词。
- 在 5~6 岁，孩子的词汇量应能够支撑他清楚地表达自己的想法，并能理解他人的话语。他的词汇库将继续扩大，并逐渐复杂化。

探索词汇

孩子的词汇量不足以支撑自己的表达和／或理解，则可能存在"语言发育迟缓"。

如何利用本部分的内容？

本部分将帮助孩子探索词汇，纠正他的发音错误，增加他的词汇量。

◆ 新手级别的练习能初步刺激孩子的言语能力和词汇库，让孩子沉浸在你的话语中。在这些练习中，你要表现得比孩子更加积极、主动，带领他做练习，鼓励他说话。

◆ 进阶级别的练习仍然针对发音能力和词汇量，需要孩子积极地参与进来。

◆ 大师级别的练习注重的是词的衍生和复杂化。

带领孩子一起探索词汇吧！

会唱歌的蜗牛

你的话语能引导孩子建立自己的语言体系。这个练习可以帮助孩子感知语音，从而使他更清楚地说话。

新手级别 ⭐

准备工具 ✏️

- 一只高筒袜。
- 一个空的卡门贝尔干酪盒。
- 一个订书机。
- 一瓶胶水。
- 一把剪刀。
- 用于装饰的工具：彩纸、记号笔、贴纸、皱纹纸、绒球等。
- 两根粗毛线。
- 两个纽扣。
- 一个带包装的棒棒糖。

练习时长 ⏱️

制作道具的时间约为 30 分钟，正式的练习时间为 3~4 分钟。

练习方法

◆ 有一只蜗牛很喜欢唱歌。当听到有人唱歌时，它就会沉浸在歌声中，慢慢地跟着唱起来。没错，蜗牛唱歌的节奏很慢！**我们在和它一起唱歌时，会放——慢——节——奏！**

◆ **举例来说，你听到孩子在唱《在月光下》，但好多歌词他都唱错了。**这时候，你就可以带上"会唱歌的蜗牛"，拿着用棒棒糖做成的话筒，打断孩子的演唱，并放慢节奏唱歌。

探索词汇

和孩子一起做手工，**制作一只"会唱歌的蜗牛"**。

首先，按孩子喜欢的样子把干酪盒改造成一个漂亮的"蜗牛壳"，要用各种工具覆盖盒子上原有的信息。把高筒袜**穿到你的手臂上，现在你的手和手臂就是"蜗牛"的身体**。五指指尖捏在一起，代表"蜗牛"的嘴巴。你的手代表"蜗牛"的头。

然后，把装饰好的干酪盒打开，用胶水把盒子底部牢牢粘在手腕处的高筒袜上。关上盒子，用胶水把封口处粘好。**"蜗牛壳"就做好了**。

最后，装饰蜗牛的头部。粘上两个纽扣作为"蜗牛"的眼睛，粘上两根粗毛线作为"蜗牛"的两个触角；而棒棒糖就是"蜗牛"的麦克风。

你和孩子将与"蜗牛"一起唱歌。

你和孩子一起以极其缓慢的速度唱《在月光下》：

"在 —— 月 —— 光 —— 下，我 —— 的 —— 朋 —— 友 —— 皮 —— 埃——罗，……"

以这种节奏唱完整首歌。采用这种演唱形式的你们有点儿像播放旋律完整但节奏过慢的老式收音机。

你可以活动手指来模仿蜗牛唱歌时的嘴部动作，这样会更有趣！**如果孩子发音有困难，你就要进一步放慢唱歌速度**。例如，他"g"音发得不准确，你要在唱到"月光"时进一步放慢速度。

探索词汇

温馨提示

◆ 即使你的孩子不喜欢唱歌，你也要尽量鼓励他唱起来。唱歌是锻炼孩子语言和言语能力的绝佳方式。充分利用起来吧！而且，做这个练习可以提高孩子和你的亲密度。

和蜗牛一起——唱——歌——吧！

会讲故事的蜗牛

这个练习可以帮助孩子放慢说话速度，让他更好地体会不同音的串联。

新手级别 ⭐

准备工具 ✏️

- 练习 31 中用到的蜗牛玩偶。
- 一本故事书。

练习时长 ⏱️

10 分钟左右。

探索词汇

练习方法

- 你选择一本故事书，邀请孩子共读。

- 将蜗牛玩偶放在旁边备用。

- 你一开始要用正常的语速朗读故事，然后突然放慢朗读速度。

- **注意，你的朗读速度要尽可能慢。**

让孩子选择一本喜欢的故事书，你朗读书中的故事给他听。

你一开始以正常的语速朗读，突然间，你举起蜗牛玩偶，以极其缓慢的语速继续朗读：

"狼——
走到了——
三只——
小猪的——
家——
门——
口。"

箭头可以帮助你，让你说话的音调更有旋律性：

向上的箭头＝音调上升；
向下的箭头＝音调下降。

请你以这种方式读完整个故事。如果孩子听了几分钟后感到厌烦，你就要立即以正常语速读故事。

3

注意，你要自然地放慢朗读速度，使音节在被拉长的同时具有旋律性，这样孩子才能理解每个词的意思。此外，不要像机器人那样读出音节。

温馨提示

◆ 成年人的发音器官经过了多年的训练，因此成年人可以灵活而熟练地快速说话。对孩子来说，你在讲故事时放慢朗读速度是非常重要的，这样做一方面可以让孩子分辨句子中不同的音，另一方面可以帮助他复制声音。可以说，你的说话方式是孩子学习说话的模板。

◆ 孩子的发音方式还很笨拙、僵硬，他的语速可能只有你语速的一半。如果孩子想和你说话一样快，他就要减少或简化音节。

◆ 因此，当你和孩子交流或你在孩子面前说话时，记得放慢语速，慢慢地、平静地、清晰地说话。当然，你不必采用蜗牛移动般缓慢的语速，但一定要循序渐进。

和蜗牛一起——讲——
故——事——吧！

探索词汇

鹦鹉学舌

　　孩子越频繁地接触他难以准确说出的词，就能越频繁地听到你纠正他时发出的正确读音，他也就越有可能最终掌握正确读音。在这个练习中，你要扮演一只鹦鹉，一遍又一遍地重复这些词来帮助孩子掌握正确发音。

新手级别 ⭐

准备工具 ✏️

无。

练习时长 ⏱️

每次 1 分钟。如有需要，可重复练习。

练习方法

◆ 在孩子说话的过程中，**你要捕捉到他发音错误的词，并在接下来的 1 分钟内尽可能地多次为孩子演示正确发音。**

让我们举个例子。孩子透过窗户看到了一辆大卡车，并向你喊道："孔（卡）车！"

孩子把"卡车"错读为"孔车"。此时，你要抓住机会，立即通过几个例句来告诉他正确读音。

"让我看看那辆卡车。"

"哦，是的，这是一辆大卡车！"

"这是一辆红色的卡车。"

"它是红色的，长得好像消防卡车。"

"卡车停下了吗？"

"这是邻居家的卡车吗？"

"你想拥有一辆这样的大卡车吗？"

"哦，我也想要一辆这样的大卡车！"

在孩子读错其他词时，你也要用这种方式纠正他的读音。**不要害怕重复，因为这才是帮助孩子正确发音的关键！**

你要向孩子强调他发错的音。比如，孩子发错了"卡车"这个词中**"卡"**的音，你可以用更大的声音读出"卡"，或者拉长音节，说出**"卡——车"。**

温馨提示

- ◆ 当孩子发错音时，不要用批评的语气指责他，不要对孩子说"不对，你读错了！"，而应参考练习中的做法来说例句，让孩子反复听到正确的读音。

- ◆ 不要要求孩子跟读正确的读音，聆听也是孩子学习说话的方式！如果他想跟读，你可以让他跟读。如果孩子发错音后尝试自我纠正，即使他没有成功纠正读音，你也要表扬他。

- ◆ 如果孩子成功纠正了自己的读音，你就要更加热烈地夸奖他，让他知道他的发音是正确的。

探索词汇

请你不断重复
正确读音！

小小解说员

听，是为了准确发音，也是为了增加词汇量！在这个练习中，你将利用简单的日常用语有效地丰富孩子的词汇库。

新手级别 ⭐

准备工具 ✏️

无。

练习时长 ⏱️

不固定，随练习场景变化而变化。

练习方法

◆ 你利用日常生活中的场景，让孩子沉浸在语言和词汇中。

◆ 为此，你要像赛事解说员解说比赛那样，描述你的每个动作，并说出你使用过的所有物品的名字。

举例来说，当你在厨房里做蛋糕时，**让孩子坐在旁边，你说出正在使用的物品的名字并描述你的每个动作：**碗、糖、鸡蛋……打开鸡蛋盒，打碎一个鸡蛋，打蛋器、厨房专用电子秤、牛奶、黄油、锅……

孩子无须跟读，但孩子如果想跟读，请你鼓励他。

这个练习适用于日常生活中所有场合：洗澡或上厕所时（说出身体各个部位和厕所中设备的名字），洗衣服时（说出不同的衣服和设备的名字），购物时（说出手推车里或货架上所有物品的名字），去动物园时（说出动物的名字），做手工时，做家务时……

你要注意，多用动词描述自己的动作，这样可以加深孩子对动词的理解：在做饭过程中（说出"混合""称重""添加""加热""去皮"……），在洗碗过程中（说出"擦掉""清洗""冲洗"……），在洗衣和收拾衣物过程中（说出"分类""悬挂""晾干""熨烫""折叠"……），在装修过程中（说出"拧螺丝""钻孔""修理""粘贴""锯开"……），等等。

温馨提示

◆ 你在说出一个物品的名字时，可以加上量词。例如，不要只说"苹果"，而要说"一个苹果"。

◆ 同样地，你在说动词时，也可以加上主语，如"他在睡觉""他在熨衣服"。你在描述自己的"搅拌"动作时，要说"我在搅拌"而不是"爸爸（或妈妈）在搅拌"。

探索词汇

请你开始扮演
解说员吧！

收藏家

这个练习可以帮助孩子认识新的词，并巩固已经认识的词。

新手级别 ⭐

准备工具 ✏️

- 一包信封。
- 几支彩色记号笔。
- 一把剪刀。
- 广告宣传单、旧杂志、小册子、贴纸等有图片且可剪裁的材料。

探索词汇

练习时长 ⏲️

5~10 分钟。

练习方法

- 请你和孩子一起创建一本"贴画文字集"。你们需要从不同的材料中挑选，说出其内容并剪下图片，将它们分类后分别装入信封。

- 例如，你们把所有食物类图片放在一个信封里，把所有动物类图片放在一个信封里，然后把工具类图片、服饰类图片、车辆类图片等分别放在各个信封里。在每个信封表面写出分类名称，并画上图标（如画一个苹果代表该信封装有食物类图片）。

- 让孩子选取材料上的图片，并剪下来。你来说出该图片的内容，并指定其所属类别。孩子无须跟读。

以一本杂志中的插图为例。孩子翻阅杂志，选中某页角落里的猫的插图。这时你要说出**"猫"**，然后让孩子把插图剪下来。

你继续对孩子说：**"猫是一种动物。让我们拿一个信封，把所有动物类图片都装进去。"**请你在信封表面写上"动物"，并画上一个猫头。

用同样的方法处理孩子选中的其他图片，根据图片的类型用各个信封装好。

如果孩子选中的是画有"城市""浴室""森林""马戏团"等难以归类的图片，你可以将它们放在"地点类"信封里。

温馨提示

◆ 孩子在日常生活中遇到喜欢的图案时，可以将其剪下，并拿出这些信封进行分装。这个练习可以经常进行。

◆ 这些信封在练习 45 中将再次用到，请你尽可能地增加图片的数量。图片越多，练习就越有趣！

探索词汇

请你说出图片的
内容并对图片
进行分类！

动物

小小魔法师

这个练习将帮助你正确处理孩子发音错误的问题，让孩子跟读正确读音。

进阶级别 ⭐⭐

准备工具 ✏️

- 孩子经常读错的 5 个词。
- 家里的厨柜。
- 一支黑色记号笔。
- 一张小纸片。
- 一卷胶带。
- 一根橡皮筋。
- 一张卡纸。
- 一支黄色记号笔。

练习时长 ⏱️

每天几分钟，直到孩子完全掌握这 5 个词。

练习方法

- 请你把孩子经常读错的 5 个词贴在厨柜上。孩子爱吃的零食被锁在厨柜里，到了每天吃零食的时间，**他必须正确读出这 5 个词才能打开厨柜，吃到零食。**

- 你需要为"魔法师"制作一个"魔法星星"：在卡纸上画一个宽 5~6 厘米的小星星并剪下来；用黄色记号笔把它的两面都涂成黄色的；在小星星中间打一个洞，将橡皮筋穿过并在末端打一个结以防星星掉落。这样，一个带着长橡皮筋的"魔法星星"就做好了。

❶

以这几个词为例：卡车、汽车、门、蜗牛、水槽。

你和孩子站在厨柜前，你对孩子说："我们必须利用魔法才能把厨柜门打开，现在你和我一起说咒语'卡——车'，同时拉动'魔法星星'上的橡皮筋。"

❷

孩子一只手抓住橡皮筋的一端，**另一只手抓住星星并将其向橡皮筋的另一端拉，同时拉长这个词的读音。**你可以手把手教孩子如何操作。

"卡——车。"

❸

如果孩子能够边拉橡皮筋边拉长读音，并且正确地读出了"卡——车"（一些孩子可能将其简化为"车"），就可以继续读下一个词。

如果孩子没有正确地读出这个词，可以让孩子试着再读几次。随着练习次数的增加，孩子会逐渐掌握正确读音。你要有耐心，不要强迫孩子。

❹

孩子正确读出这 5 个词后，你可以打开厨柜，让他吃点儿零食。**此时，你要表扬孩子是一名很棒的魔法师！**

你要写下孩子读错的词，好记性不如烂笔头，这些词在练习 37 和练习 38 中会用到。你也可以将这些词列成清单，贴在冰箱上。

探索词汇

温馨提示

◆ 有时，你需要根据孩子的发音错误，选择该词中要拉长读音的部分。你可以多试几次，找到最适合孩子的方式。下面有一些例子可供你参考。

➜ 如果孩子把"卡车"读成了"卡热"，你可以让他读：

卡——车（拉长"卡"的音）；

卡车——（拉长"车"的音）。

➜ 如果孩子把"雨伞"读成了"依伞"，你可以让他读：

雨——伞（拉长"雨"的音）；

雨伞——（拉长"伞"的音）。

➜ 如果孩子把"蜗牛"读成了"哇牛"，你可以让他读：

蜗——牛（拉长"蜗"的音）

蜗牛——（拉长"牛"的音）

双手叠叠放

通过之前的练习，孩子已经学习了大量新词，真是太棒了！但有些词他还是读得不对？别担心！这个练习也可以帮助孩子正确发音。

进阶级别 ⭐⭐

准备工具 ✏️

◆ 练习 36 中整理的孩子经常读错的词的清单。

练习时长 ⏱️

5 分钟，可根据孩子意愿延长练习时间。

探索词汇

练习方法

◆ 你可能玩过这个叠手游戏。**你和孩子要通过叠放双手来分解词的读音。**

◆ 你的左手放在最下面，然后依次叠上孩子的右手、你的右手、孩子的左手。

你和孩子选择一个要练习的词，按上述方法将手叠放在一起。在说组成这个词的第一个字时，把你的左手从最下面抽出来，叠放在孩子的左手上；然后孩子把右手抽出来叠放到你的左手上，同时说出组成这个词的第二个字……用这种方法说完组成这个词的所有字。

让我们举个例子：孩子把**"洗手池"**读成了**"心水时"**。此时，请把你和孩子的手按照上述方法叠放在一起，你抽出左手叠放在孩子的左手上，同时清楚地说出"洗"。

孩子把右手抽出来叠放在你的左手上，读出"手"。如果他发音正确，你就要继续抽出右手，读出"池"。

如果孩子的发音是错误的，仍然读成了"水"，你就要立即纠正他，然后夸张地说出"池"。请你注意，此时不要批评孩子，继续游戏即可。

每个词的读音，孩子都要反复练习，同一个词至少重复练习 5 次才能进行下一个词的练习。

练习组成该词的字的数量为偶数的词时，你和孩子要轮流把手放在最下面，否则孩子就会一直重复读该词的某些音节。这个练习能让孩子体会不同音节是如何串联起来组成一个词的。练习组成该词的字的数量为奇数的词时无须改变手的叠放顺序。

探索词汇

温馨提示

◆ 随着熟练程度加深，你和孩子会加快读音节、抽手和叠放的速度，练习氛围会越来越轻松愉悦，到最后你们甚至可能连哪只手是谁的都分不清了。但是，你要注意，一开始应该追求发音质量而非练习速度。只有在孩子发音准确、熟练的情况下才可以加快练习速度。

"拍拍手" 读词

让我们继续拆分单个词，帮助孩子更好地发音。

进阶级别 ⭐⭐

准备工具 ✏️

- 两个木勺。
- 一张厚白纸。
- 一瓶胶水。
- 几支水彩笔。
- 一把剪刀。
- 一个手鼓或一口小锅。
- 练习 36 中整理的孩子经常读错的词的清单。

练习时长 ⏱️

5 分钟，可根据实际情况延长练习时间。

练习方法

- 你和孩子要一起做手工，**你们将亲手制作自己的"拍拍手"道具。**这里借鉴了法国著名游戏品牌"HABA"设计的"部落首领乒乓鼓"（法语为"Chef de tribu boum-ba-boum"）游戏。

- 你和孩子在厚白纸上画出自己的手的轮廓，并将其裁剪下来，然后随意涂画，装饰其中一面。在另一面上涂抹胶水，然后将其粘在木勺上。**"拍拍手"道具就做好了！**

- 接下来，请你和孩子面对面，盘腿坐在地板上，把手鼓（或小锅）放在你们中间。**选择一个想要练习的词，你和孩子轮流用自己的"拍拍手"道具敲手鼓（或小锅）并依次说出组成这个词的一个字。**

以"蜗牛壳"这个词为例，有些孩子会把它读成"欧牛壳"。你可以通过敲手鼓（或小锅）来向他展示正确的读音，每读一个字就敲一下手鼓（或小锅），说出**"蜗（敲击）——牛（敲击）——壳（敲击）"**。

邀请孩子和你一起敲鼓。你先说"蜗"并敲鼓，孩子再说"牛"并敲鼓，你来收尾说"壳"并敲鼓。如果孩子说错了，你要及时纠正，但不要批评他。

同一个词要重复练习几次，因为这样能加深孩子的印象。重复练习几次后，你们就可以继续练习下一个词了。

如果组成该词的字的数量为偶数，你就要和孩子轮流开始读字。

温馨提示

◆ 如果孩子在非练习时间读错了某个词，你也可以用"拍拍手"的方式帮助他重新读这个词，纠正错误。

探索词汇

随着鼓声一起读词吧！

寻宝游戏

每个新词都能拓展孩子的认知。请你带领孩子去探索周围的一切吧！让孩子把学习新词当作寻宝游戏。

进阶级别 ⭐⭐

准备工具 🖊

- 2 个卷纸纸筒芯。
- 一卷厚胶布。
- 一个盒子。
- 大量用卡纸剪出的较小的"金币"（可以用较小的纽扣或硬币代替）。
- 3 个用卡纸剪出的大"金币"（可以用 3 个大纽扣代替）。

练习时长 ⏱

在每个地点练习 10 分钟。

练习方法

- 孩子将扮演一名探险家，他要用望远镜观察并命名周围的物品。

- 请你把卷纸纸筒芯横着绑在一起，做成一副"望远镜"。

- 准备足够多的小"金币"：孩子要练习的词越多，需要的小"金币"就越多。在这个练习中，**盒子将作为"宝箱"**。

- 孩子每找到一个词，就能赚到一枚小"金币"，存放在"宝箱"里。在孩子找到周围所有他认识的物品并正确说出它们的名字后，你要清点孩子赚到的小"金币"的数量。在结束每个地点的练习时，你要奖励给孩子 3 枚大"金币"，让他"购买"3 个他不认识的新词。

以在你的房间里"寻宝"为例。请你把"望远镜"递给孩子，说："小探险家，你用望远镜观察到了什么？"

如果孩子说出了房间里的一个物品，比如"床"，你就要奖励他一枚小"金币"，让他放在自己的"宝箱"里。

重复这个环节，直到孩子找不出其他物品，然后给他3枚大"金币"。你要告诉他：**"你是一名伟大的探险家，因为你发现了这些物品，所以我要奖励给你3枚大金币。你可以用这些金币买你不认识的3件物品，我会告诉你它们分别叫什么。"**

在孩子指出3件物品后，你来告诉孩子这些物品的名字。

你要记录孩子在练习中赚到的"金币"的数量，在开启下一场寻宝游戏之前要鼓励他认识更多词。

温馨提示

◆ 你可以提醒孩子在每个词之前加上量词。你要向他解释："在说'床'的时候，我们可以给它加上量词，说'一张床'。"

探索词汇

开启一场寻宝游戏吧！

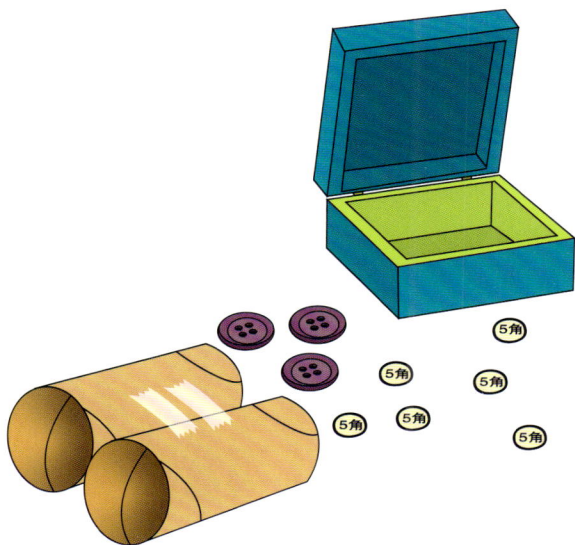

小小侦探

日常生活中充满了值得孩子学习的词，比如抽屉里就隐藏着很多词。这个练习能让孩子发现那些"隐身"的词。

进阶级别 ★★

准备工具 ✏️

- 一个圆形奶酪盒盖子。
- 一块厚纸板。
- 一把美工刀。
- 一张白纸。
- 印章墨水或水粉颜料。

练习时长 ⏱️

10 分钟。

练习方法

- 制作侦探的"放大镜"：用美工刀把奶酪盒盖的底部挖空，保留盒盖侧边的圆圈。用厚纸板剪出"放大镜"的手柄。在盒盖侧边的圆圈壁上挖一个和手柄一端大小差不多的洞，然后插入手柄，"放大镜"就做好了。

- 你和孩子一起站在一个装满各种物品的抽屉前，将抽屉内所有物品的名字都写在白纸上，把这张白纸和印章墨水或水粉颜料放在旁边备用。

- **孩子将像侦探一样用"放大镜"搜索抽屉内的物品并说出它们的名字。每找到一个物品并正确说出它的名字，孩子就要用手指蘸着印章墨水或水粉颜料，在白纸上对应的文字处盖一个手印。在所有物品都被找到后，你要告诉孩子他不认识的物品的名字。**

以办公桌上的一个抽屉为例。请你把"放大镜"递给孩子，并对他说：**"侦探先生，你在抽屉里发现了什么呢？"**

如果孩子正确说出了抽屉里物品的名字，比如说出了"笔"，你就要表扬孩子并让他在白纸上对应的文字处盖手印。

重复进行这个环节，直到孩子说完抽屉里他认识的所有物品的名字。你要表扬孩子，并告诉孩子他不认识的物品（最多 3 个）的名字。

邀请孩子搜索家中不同的角落：厨房（练习说与餐具有关的词）、冰箱或厨柜（练习说与食品有关的词）、衣柜或衣物收纳筐（练习说与服饰有关的词）、工具箱、手提包、针线盒……

温馨提示

◆ 你应该向孩子展示如何使用他找到的物品。例如，孩子不认识"回形针"，你就要向他展示如何用回形针把纸张固定在一起。学会使用物品，孩子能更快地记住它的名字！

探索词汇

拿起"放大镜"，搜索"隐身"的词吧！

词汇"图画书"

通过之前的一系列练习，孩子扩充了他的词汇库。这个练习可以用来进一步丰富孩子的词汇库，并引导孩子使用他已经学会的词汇。

大师级别 ⭐⭐⭐

准备工具 ✏️

- 一个薄的活页夹。
- 几张白纸。
- 一个便携式打孔器。
- 几支水彩笔和彩色铅笔。
- 一支黑色签字笔。

练习时长 ⏱️

每个主题练习 15 分钟左右。

练习方法

- 你和孩子一起制作一本"图画书"。

- 你选择一个主题，然后要求孩子想一些与该主题有关的图并画在白纸上。你可以选择的主题有水果、蔬菜、农场、消防员、衣服、烹饪、学校、玩具等。

- 每个主题占一张纸。画完后，把这些纸放进活页夹，做成一本"图画书"。

❶

例如，以"水果"为主题。你可以向孩子建议：**"我们以'水果'为主题画第一页怎么样？我们可以画哪些水果呢？"**

❷

如果孩子想到了一种水果，如"苹果"，就让他在白纸上画一个苹果，然后让他继续想其他水果。

让孩子将他想到的水果都画在这张纸上。

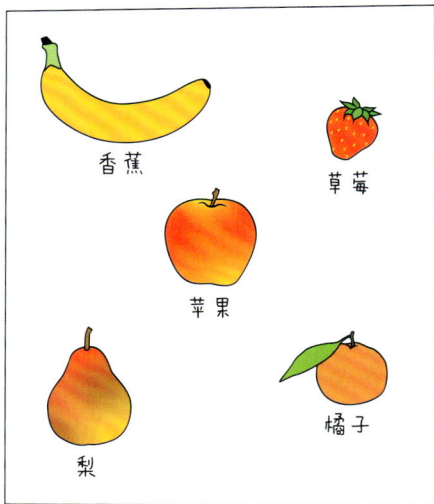

❸

在画的每个水果旁用黑色签字笔写上它的名字，以便孩子辨认。如果孩子无法画出完整的水果，你可以画出该水果的轮廓，让孩子来填色。

温馨提示

◆ 实物能加深孩子对相关词的印象。以水果为例，如果孩子能够触摸、品尝一种水果或闻到这种水果的气味，他就比较容易记住这个水果的名字。因此，你可以带孩子去超市观察各种各样的水果，给孩子买他不熟悉的水果，让他品尝。这样，你就可以让孩子把这种水果画到这本"图画书"中了，顺便让孩子复习他已经画出的所有水果的名字。

香蕉
草莓
苹果
梨
橘子

把词变成图画吧！

探索词汇

他需要什么？

这个练习可以帮助孩子丰富某个主题的词汇库。

大师级别 ⭐⭐⭐

准备工具 ✏️

无。

练习时长 ⏱️

5~10 分钟。

练习方法

◆ 让孩子想象某种职业的工作要求及工作内容。

①

以面包师为例。请你告诉孩子："**长大以后，你成为一名面包师。请你告诉我，在正式开始工作前，你需要做哪些准备？**"

②

孩子可能说出面包师必备的工具或者与面包师有关的词（如"面包"），你要表扬他并鼓励他继续说出其他词。

③

你还可以向孩子提及其他职业：修车工、消防员、护士、油漆工、老师、农民等。你可以告诉孩子一些他不了解的职业，但你必须向孩子解释这些职业的工作内容及其涉及的领域。当然，你也可以利用这个练习来向孩子介绍自己的职业。

温馨提示

◆ 这个练习不受时间和地点的限制。你可以在乘坐交通工具时和孩子做这个练习。

探索词汇

带着孩子探索词汇世界吧！

面包

猜词游戏

这个练习能极大地增加孩子的词汇量。

大师级别 ⭐⭐⭐

准备工具 ✏️

◆ 一张卡纸。
◆ 几支水彩笔。
◆ 一把剪刀。

练习时长 ⏱️

10 分钟，可根据实际情况延长练习时间。

探索词汇

练习方法

◆ 从卡纸上剪下 10 个直径为 4 厘米的圆，作为卡牌。在其中 4 个圆上分别画一只猫，将其作为**"弃权牌"**，可以用来跳过太难的谜语；在剩余的 6 个圆上分别画一颗星星，将其作为**"线索牌"**，可以用来获得额外的线索。

◆ 你和孩子每人拿 2 张"弃权牌"和 3 张"线索牌"。

◆ 在练习过程中，你和孩子都要向对方提供正确的线索。

◆ 其中一方如果用完所有卡牌，就输了，游戏结束。

以第一次猜谜为例。你先向孩子解释这两种卡牌的用法，再对孩子说出谜语：**"我是一种很像马的小动物，我的身体是白色的，上面还有黑色的条纹。"**

如果孩子猜不出谜底，你可以提示他：**"别忘了你有'线索牌'，你可以给我一张'线索牌'，作为交换，我会给你一条线索。如果你觉得太难，也可以使用'弃权牌'跳过这个谜语。"**

如果孩子给出一张"线索牌"，你就可以补充道：**"我和大象一起生活在非洲。"**如果孩子猜到了**"斑马"**，就轮到孩子说谜语、你来猜谜底了。

重复上述做法，直到其中一方用完所有卡牌。

如果孩子编不出谜语，你也可以将这个练习改造为单方版本，即你只负责编谜语、孩子只负责猜谜底。卡牌的使用方法不变。

温馨提示

◆ 编出谜语绝非易事，你可以从身边的物品、图像或图画书中获取灵感。

◆ 你可以买一本儿童字典，它能派上用场：你可以大致浏览字典中某些词的定义，然后编出谜语让孩子来猜。

探索词汇

和孩子一起
猜谜语吧！

你 动 我 猜

在所有类别的词中，最容易被忽略的是动词。然而，动词对造句来说十分重要。这个练习能提高孩子对动词的掌握水平。

大师级别 ⭐⭐⭐

准备工具 ✏️

- 练习 43 中用到的卡牌。

练习时长 ⏱️

10~15 分钟。

练习方法

- 你和孩子一方做某个动作（不能说话），另一方根据动作猜词。

- 每人有 5 张卡牌：2 张"弃权牌"和 3 张"线索牌"。

- 如果实在猜不出答案，猜的一方可以使用"弃权牌"跳过这个词或者使用"线索牌"来获得这个词的第一个字。

- 其中一方如果用完所有卡牌，就输了，游戏结束。

以第一轮游戏为例。请你有节奏地摇摆身体，让孩子猜"跳舞"这个词。如果孩子猜不出**"跳舞"**，你可以提醒他使用手中的卡牌。

如果孩子决定使用"线索牌"，你就要说**"跳"**，同时继续摇摆身体。如果孩子得到线索后成功说出了"跳舞"这个词，就轮到他做动作、你来猜词了。

重复这一环节，直到其中一方用完所有卡牌。

你要选取一些比较容易念错的词：唱歌、跑步、拍照、洗澡、吃饭……

虽然这对孩子来说有点儿难，但这是一个让他学习新词的好机会。

温馨提示

◆ 这个练习非常适合用来锻炼孩子使用主语"我"和"你"的能力。孩子说话时可能还不太会用这两个主语，因此在练习过程中，你在说"跳舞"这个词时，可以加上主语，比如当孩子做出跳舞的动作时，你可以说"你在跳舞"。

探索词汇

用肢体语言让动词"活"起来吧！

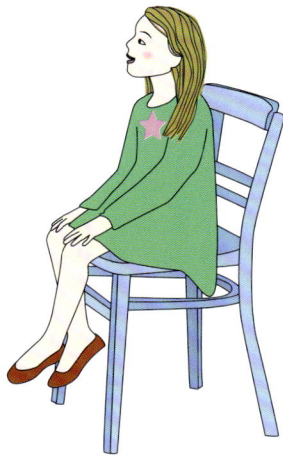

风吹词乱

这个练习能够帮助孩子整理他刚认识的词，让他形成更稳固的记忆。

大师级别 ⭐⭐⭐

准备工具 ✏️

◆ 练习 35 "收藏家" 中装有不同主题的图片的信封。

练习时长 ⏱️

10~15 分钟。

探索词汇

练习方法

◆ 一阵风把信封里的图片都吹出来了！

◆ **所有图片都混在一起了，信封也被吹到地上了！**

◆ 此时，你要和孩子一起把这些混在一起的图片重新分类并放回对应的信封中。

◆ **这是个帮助孩子深入理解各类词的好办法。**

①

例如，孩子从这堆图片中选择了一张画有胡萝卜的图片。你要先让他说出"胡萝卜"这个词，再问他："**应该把'胡萝卜'放在哪一组呢？**"

②

你和孩子分出几组不同类别的图片。如果孩子决定把胡萝卜图片和其他食物类图片放在一起，你就要肯定他的答案，并给他找一张新的食物类图片。

③

孩子拿起一张飞机图片，说出了"飞机"。接下来，他要对这张飞机图片进行分类，孩子可能注意到还没有"交通工具"这一组图片，**他就要把这张飞机图片放在一旁，并建立一个新的图片类别。**

所有图片都要按照这个步骤进行分类。如果图片太多，一次练习难以处理完，你们也可以分两次完成，不过你要记得把已经分类好的图片放在对应的信封里保存。

④

记住，要让孩子说出每张图片上物品的名字，并对图片进行分类。不要让孩子沉默地摆放图片，如果他实在不愿意说话，你也可以把图片上物品的名字说给他听。

温馨提示

◆ 这个练习有助于孩子对词的类别进行细化。例如，在食物这一大类别中创建多个小的类别，如甜点类、水果类、蔬菜类、咸味食品类等；在动物这一大类别中，创建农场动物类、森林动物类、草原动物类、海洋动物类等。如此，孩子就能更深入地理解各类词。

探索词汇

带领孩子一起给
词分类吧！

延长句子

学会造句并提高造句能力

现在，你的孩子已经在语言和言语两方面取得了很大的进步！他的发音越来越清晰，说话的条理性越来越强，掌握的词汇量也越来越大！此时，孩子已经能让他人听懂他的话了。语言承载着无数的信息，但只有组织好话语、造出句子才能传递信息。提高造句能力，孩子就能更加准确地表达自己的想法。

如何延长句子？

为了方便你和孩子使用本书，我将语音学（发音）、音位学（声音的构成）、词汇学（单词）和句法学（句子结构）的相关内容拆分开进行讲解。不过，请你放心，本书会让孩子在这些领域同时取得进步。

让我们把一个句子想象成一列有许多车厢的小火车。

◆ 12~18 月龄时，孩子只会说单个词，只能用"词"来表达自己的需求。例如，他说出"奶"，你就会明白他想说的是"我饿了，我想喝奶"。这一阶段是孩子语言功能发育的第一阶段，孩子能说出的话相当于"火车头"。

◆ 18 月龄时，孩子开始把两个词放在一起组成一个"形式上的词组"。此时，孩子能说出的话相当于"火车头和紧接其后的一节车厢"。例如，孩子说出"奶没"，他想说的就是"我把奶喝完了"。

◆ 18~24 月龄时，这列"小火车"上又增加了一节新"车厢"：孩子能说出由 2~3 个词组成的"句子"，但这些词之间可能没有正确的语法结构。例如，他说"兔子胡萝卜吃"，想表达的就是"兔子正在吃胡萝卜"。

◆ 2~3 岁时，"小火车"增加了第三节"车厢"。孩子能说出一个包含动词、副词和量词的较长的句子。例如，孩子说的"兔子胡萝卜吃"变成了"一只兔子正在吃一根胡萝卜"。但是，孩子仍然可能犯语法错误。

◆ 从 3 岁开始，孩子可以用名词和动词来造句了，他的一句话至少能包含 6 个词；孩子还能越来越多地使用连词"和"，例如，他能说出"一只兔子正在吃一根胡萝卜和一些草"。

◆ 4~5 岁时，这辆"小火车"的"车厢"继续增加并且这辆"小火车"越来越完善。句子结构越来越复杂。例如，孩子能够使用形容词和状语，说出"花园里有一只可爱的兔子正在吃一根胡萝卜和一些草"。

◆ 5 岁以后，孩子可以驾驶着他的"小火车"在语言的世界中随意穿梭。他可以清楚地造句表达自己的想法，并开始使用复杂的语法。

孩子无法延长句子或者语法错误较多，可能存在"语言发育迟缓"，但这并不绝对，只有言语治疗师才能判断孩子是否真的存在语言发育迟缓。每个孩子的具体情况都是不同的！

如何帮助孩子改正语法错误？

孩子说话时出现语法错误是很正常的。请记住，孩子是通过听别人说话来学习说话的，因此你在纠正孩子的语法错误方面发挥着重要作用。不要认为孩子的语法错误"无伤大雅"，而要在孩子很小的时候就加以纠正，因为孩子越多地接触正确的语法，就越有可能说出条理清晰、逻辑正确的句子。

以"兔子胡萝卜吃"为例。当孩子犯了这种语法错误时，无论他们年龄大小，你都应采取以下措施。

◆ 不批评孩子，不说"不对，你说错了，你应该说……"。

◆ 在孩子犯语法错误后，立即温柔地说出正确的句子，如"一只兔子吃了一根胡萝卜"。

◆ 强调孩子忽略的或说错的词，说出"一只——兔子吃了——一根——胡萝卜"。注意，你要尽量保持语调自然。

◆ 不强迫孩子跟读，如果他想跟读，你要表扬他。听他人说话也是学习说话的方式。

◆ 识别孩子说出的有问题的语法结构，尽量在以后说话时正确地使用这些语法结构。为了方便记忆，你可以把它们整理好，写在本子上。

总体来说，你在和孩子说话时，一定要尽量慢地说出清晰、简短、语法正确的句子。孩子虽然年龄尚小，但他具备记忆正确语句的能力，他需要你的帮助！

如何帮助孩子延长句子？

如前文所述，孩子延长句子的方式就像慢慢地在火车头后面加车厢。你可以起到引导作用。

如果孩子造句"兔子胡萝卜吃"，你就要改正这个"句子"并添加几个词来延长它。例如，你可以说：

◆ "小兔子吃胡萝卜""小兔子在吃一根大大的胡萝卜""一只可爱的小兔子在吃胡萝卜"，你可以使用不同的形容词。

◆ "兔子在用它的门牙吃胡萝卜"，这样你就解释了兔子的动作。

◆ "兔子在草坪上吃胡萝卜"，这样你就指明了地点。

◆ "我看到一只兔子在吃胡萝卜"，这样你就引导了孩子使用主语"我"。

你所有的造句都必须有目的，即通过添词向孩子展示如何延长句子。同样地，不要强迫孩子跟读。

如何利用本部分的内容？

本部分的三个练习能帮助孩子延长句子并将句子结构复杂化。每个级别（新手、进阶、大师）的练习各有一个，请你和孩子务必按照顺序进行练习，因为这些练习的难度是逐渐提升的，符合孩子的发音状况。

你可以在孩子很小的时候就带他做这些练习，他即使不会说话，也能理解并记住你教给他的句子结构。

一起为语句"小火车"添加"车厢"吧！

它在做什么？

先给这列语句"小火车"安装一个坚固的"火车头"，再添加"车厢"：火车头是"主语"，第一节"车厢"是"谓语动词"。

新手级别 ⭐

准备工具 ✏️

◆ 至少 2 个人物玩偶。
◆ 至少 2 个动物玩偶。

练习时长 ⏱️

10~15 分钟，可根据实际情况延长练习时间。

练习方法

◆ 操纵人物玩偶和动物玩偶做动作，赋予它们"生命"。

◆ 在操纵玩偶的同时，用非常简单的"主语 + 谓语动词"句式解释它们在做什么。

以小男孩玩偶和小猫玩偶为例。你拿着小男孩玩偶，让它做出蹦蹦跳跳的动作。同时，对孩子说一个简单的句子来解释小男孩玩偶的动作：**"小男孩跳起来了。"**

你拿起小猫玩偶，发出"喵喵"声，对孩子说：**"小猫在喵喵叫。"**

你可以多多使用谓语动词。例如，在操纵小男孩玩偶时，说**"跑步""睡觉""吃东西""画画""走路"**等词；在操纵小猫玩偶时，说**"吃东西""睡觉""打呼噜""抓东西""舔爪子"**等词。

你在演示完之后，邀请孩子拿起一个玩偶，让他操纵玩偶做出动作并通过造句表达出来。他如果想不出合适的动作，也可以模仿你的做法。

如果孩子不想造句，你也应该尊重他的选择，继续给他演示其他句子。听你说话也是孩子学习说话的一种方式！

温馨提示

◆ 你可以趁机教孩子在句子中使用量词。例如，他说"猫吃东西"。此时，你可以通过手势来帮助他：你补充孩子说的句子的成分，说出"一只小猫在吃东西"，你在说"一只"时左手握拳，在说"小猫"时右手握拳。

◆ 每次造句时，你都可以用这种方式提醒孩子加上量词，这样可以帮助他在日常说话时正确使用量词。

延长句子

开动语句
"小火车"吧！

"什么?" 车厢

在练习 46 中，孩子已经组装好了"火车头"和第一节车厢，现在是时候连接第二节"车厢"——"宾语"了。

子句延长

进阶级别 ⭐⭐

准备工具 🖋

◆ 练习 46 中使用的人物玩偶和动物玩偶。
◆ 若干边长约 4 厘米的空白正方形纸片。
◆ 几支彩色记号笔或彩色铅笔。

练习时长 ⏱

10~15 分钟，可根据实际情况延长练习时间。

练习方法

◆ 与练习 46 相同，在这个练习中，孩子需要用简单的句子（"主语 + 谓语动词"句式）描述玩偶的动作。

◆ **除此之外，你要鼓励他用宾语补充句子成分：在听完他造的句子后追问"什么？"。**

◆ 你要在纸片上画出这个宾语，这样孩子就可以补全句子成分了。当然，在正式开始练习前，你要为孩子演示正确做法。

以描述小男孩玩偶的动作为例。现在孩子造了一个句子：**"小男孩在吃。"**

你要先肯定孩子，再引导孩子补充句子的宾语，告诉孩子：**"你说得真棒，小男孩在吃东西！但是，他在吃什么呢？你想让他吃什么？"**

❷

如果孩子说出一种食物，如"香蕉"，你就在纸片上画一根香蕉，然后操纵小男孩玩偶"吃香蕉"。此时，你要造句，说出"这个小男孩正在吃香蕉"。

你还可以说出其他谓语动词，引导孩子模仿玩偶的动作并造出语法正确的句子。

❸

请你在练习中多多使用谓语动词，你可以说"这个男孩正在搬运（一个球、一份礼物、一个包、一把椅子……）""这个男孩抓住了（一个球、一个苹果、一只蝴蝶……）""这个男孩正在抚摸（一只猫、一只狗、一匹马……）"等。

注意，你要尽可能地在纸片上画出有趣的图案。

温馨提示

◆ 在孩子能够熟练地在谓语动词后面添加宾语后，你可以引导他用一个形容词对宾语进行修饰。例如，孩子说"小男孩在吃一个苹果"，此时你可以引导他说出这个苹果是什么样的，让他说"小男孩在吃一个绿色的苹果"或者"小男孩在吃一个多汁的苹果"。如果孩子说"小男孩在抚摸狗"，你可以引导他用形容词描述小狗的外貌，让他说出"小男孩在抚摸一只可爱的小狗"或者"小男孩在抚摸一只柔软的棕色小狗"。

为语句"小火车"再添上一节"车厢"吧！

"补句之骰"

现在，孩子已经可以正确造出一些简单的句子了。这个练习能帮助孩子延长句子，往他的语句"小火车"上再添几节"车厢"。

大师级别 ★★★

准备工具 ✏️

◆ 练习 46 中使用的玩偶。
◆ 练习 47 中绘有图案的纸片。
◆ 一个手掌大小的六面骰子玩具。
◆ 几张白纸。
◆ 一把尺子。
◆ 一把剪刀。
◆ 一瓶胶水。
◆ 一支黑色记号笔。

练习时长 ⏱️

10~15 分钟。

练习方法

◆ 制作"补句之骰"。首先，拿出准备好的六面骰子玩具，量一量它的边长，在白纸上剪出 6 个与它边长相同的正方形纸片。

◆ 然后，在正方形纸片上分别写：
→ 在哪里（写在 2 个正方形纸片上）；
→ 怎样（写在 2 个正方形纸片上）；
→ 什么时候（写在 1 个正方形纸片上）；
→ 为什么（写在 1 个正方形纸片上）。

◆ 最后，将这 6 个正方形纸片用胶水粘在骰子的 6 个面上。

孩子需要造一个只包含主语、谓语、宾语的句子，并使用玩偶和纸片模仿句子中提到的动作。

然后，孩子掷出骰子，根据骰子朝上一面的内容来补充句子。

①

举个例子，孩子用玩偶和纸片造句**"猫抓老鼠"**并模仿动作。

你要表扬孩子造的句子非常棒，然后让他掷骰子。如果他掷的骰子写有**"怎样"**的一面朝上，你就要向孩子提问：**"猫是怎样抓到老鼠的？"**

②

如果孩子回答**"用爪子"**，你就要提醒孩子说完整的句子**"猫用爪子抓老鼠"**。

你可以让孩子用"猫抓老鼠"这个句子多练习几次，也可以重新造一个句子继续练习。

③

你要为孩子准备一些例句，还可以在例句中使用一些新词来增加孩子的词汇量。即使孩子无法补充句子成分，你也不要强迫他，你可以自行补充并把句子读给孩子听。

温馨提示

◆ 你可以借鉴下列句式变化来带领孩子做难度更高的练习。

"小男孩在吃苹果"可以变化成：

➡ "他在吃苹果"。

➡ "小男孩把那个苹果吃了"。

➡ "他把那个苹果吃了"。

➡ "是小男孩把苹果吃了"。

➡ "苹果被小男孩吃了"。

◆ 你还可以从以上句子中选择一个作为练习的初始例句，引导孩子为该句子补充成分。

不断为语句
"小火车"增添
"车厢"吧！